崇文總目考評

喬衍琯著

文史哲學集成
文史哲出版社印行

國家圖書館出版品預行編目資料

崇文總目考評 / 喬衍琯著. -- 初版 -- 臺北市：
文史哲, 民 83.05
頁;公分（文史哲學集成；318）
參考書目： 頁
ISBN 978-957-547-872-8（平裝）

1.崇文總目 - 評論

018.12 83005001

文史哲學集成 318

崇文總目考評

著 者：喬 衍 琯
出 版 者：文 史 哲 出 版 社
http:// www.lapen.com.tw
e-mail：lapen@ms74.hinet.net
登記證字號：行政院新聞局版臺業字五三三七號
發 行 人：彭 正 雄
發 行 所：文 史 哲 出 版 社
印 刷 者：文 史 哲 出 版 社
臺北市羅斯福路一段七十二巷四號
郵政劃撥帳號：一六一八〇一七五
電話886-2-23511028・傳真886-2-23965656
實價新臺幣二四〇元
一九九四年（民八十三）五月初版
二〇一六年（民一〇五）六月初版修訂二刷

ISBN 978-957-547-872-8 00318

崇文總目考評 目次

緒　言

我國歷史文化，淵遠流長，歷代所傳下來的著述，數量上很是可觀，因而編了很多書目。早在漢初，便編成兵書目錄。《漢書．藝文志．兵書略序》說：

自春秋至於戰國，出奇設伏，變詐之兵並作。漢興，張良、韓信序次兵法，凡百八十二家，刪取要用，定著三十五家。諸呂用事而盜取之。武帝時，軍政楊僕捃摭遺逸，紀奏《兵錄》，猶未能備。至于孝成，命任宏論次兵書爲四種。

所謂定著三十五家，當是加以選擇整理，寫成定本，是否列一目錄，並未明言。至於《兵錄》，則是兵書目錄了。論次兵書爲四種，更是分做四類。可見這一百多年間，兵書目錄編撰的情形，漸趨精密，可惜早就亡佚了。

漢成帝時，又命劉向、劉歆等校書天祿閣，編成《別錄、七略》，雖也散佚，然而清人還有輯本多種。而班固的《漢書．藝文志》，便是依據《七略》編成的。此後經過魏晉南北朝到唐代，編了很多公私書目，《隋書．經籍志．簿錄篇》收了三十部，《新唐書．藝文志》有目錄十九家，加上不著錄的十二家，共三十一家。其實所收的都不完全，譬如佛家的經錄便不在內。而這些書目，到宋代便多亡佚了。《宋史．藝文志．目錄類》收書六十八部，五代以前編撰的，僅有十部，後來便全亡佚了，祇有正史中的藝文志或經籍志還能借史書保存下來，至於佛家的經錄，一般人很少留意。所以唐以前所編的書目，對後代影響不大。

宋代武功不競，文治卻斐然可觀。反映在書目的編撰上，也可以看出來。《宋史．藝文志》所收宋人編撰的書目，約有六十部，還不夠完備。譬如很重要的一部書目——陳振孫的《直齋書錄解題》，便未收入。至於其他私家的藏書目錄，掛漏更多。潘美月的《宋代藏書家考》，便收有四十多種，其中見於《宋史藝文志》的，僅有十二種。（註一）至於官修的書目，見於梁啓超《圖書大辭典．簿錄之部》的，共有二十二種，其中見於《宋史．藝文志》的，不過三、五種。加上佛家經錄。又如《文獻通考．經籍考、玉海．藝文部、宋史．藝文志》，雖成書在元代，卻都是依據宋人書目編成的。所以合計起來，宋人所編書目，文獻可徵的，便有一百多種。雖然多已亡佚，所存的仍不下二十種，詳見整理《崇文總目》章。

這近二十種書目，收書一萬多種。（註二）其中《崇文總目、郡齋讀書志、直齋書錄解題》等，且有解題。固然都是辨章學術，考鏡源流的重要資料。即是那些已亡佚的書目，從其他書目、史傳、文集、筆記等相關資料，有的也可考知其編撰經過，著錄的體例，分類的情形，仍是目錄學上的重要資料。

而這些資料中，很值得重視的，是《崇文總目》。原因有：

一、是今存解題書目中最早的一部，在體制上對後代很有影響。（註三）

二、是今存宋代書目中最早的一部，可考唐宋間圖書存佚的情形。

三、編撰的人，如王堯臣、歐陽修等，都是績學之士，可資考訂。

四、原本早已散佚，清代有輯本兩種。其高下得失，值得討論。

五、這兩輯本都不甚可據，應另行輯校。最好詳加考證。

六、後人對本書利用的情形，批評如何？散見各處，宜加彙集。

而如此重要的一部書目，雖也常見些論述文字，不過散見各家書目、筆記、文集，以及近世的學報、期刊中，筆者也有些已發表或未刊布的文字。今予以彙集整理，以求正於方家。

【附註】

註　一　《宋代藏書家考》，民國六十九年臺北市學海出版社印行。其緒論列有宋代私家收藏目錄三十三種，其中李淑和其子德芻各有書目一種。末附不知何不知何許人的書目五種。又一〇六頁亳州祁氏條引《過庭錄》云：「四方士民，如亳州祁氏……，吾皆見其目。」一四一頁葉夢得條云：「《遂初堂書目》有《葉石林書目》，當爲其家藏目。」皆未列入。又元陶宗儀《南村輟耕錄》卷二十七莊蓼塘藏書條云：莊蓼塘，嘗爲宋祕書小史，其家蓄書數萬卷，且多手鈔書。經史子集、山經地志、醫卜方伎、稗官小說，靡所不具。書目以甲乙分十門。蓼塘既沒，子孫不知保惜，所存無幾。至正六年（一三四六）開局修史，詔求遺書，有以書獻者，莊其一也。也可補入。又三六頁江正條案云：「《宋史藝文志》亦有《徐州江氏書目》。」今案：宋人稱江正或云江南人，或云安陸江氏。都不是徐州。時間上列於本書五代入宋時期藏書家第四人。而《徐州江氏書目》，則列於尤袤《遂安初堂書目》（安字誤衍）和吳氏《籯金堂書目》之間。所以《徐州江氏書目》在時地上，不像是江正的《江氏書目》。總計宋代私家藏書目錄，文獻可考的，至少有四十多種。

註二　《宋史藝文志》序：「大凡爲書九千八百十九部。」其他書目合計，不下二三萬部。然彼此重複的很多，總計仍不足兩萬種。

註三　我國有解題的書目，雖然可以上溯到西漢末的別錄，然久已亡佚。六朝的佛家經錄，雖存而少有人注意。《崇文總目》可說是今存最早的解題書目。

第一章　概　述

壹、宋初藏書與崇文總目的編撰

五代藏書，原有昭文館、史館、集賢院，便是所謂三館。宋初，書裁數櫃，計萬三千卷。後來平定荊南高氏僞蜀、江南等地，盡收其圖書，又有涉弼、彭幹、朱載等應詔獻書。到太平興國二年（九七七），太宗便嫌三館湫隘，加以改建，賜名崇文院。東廡是昭文書庫，南廡是集賢書庫，西廡有四庫，分置四部書，是史館書庫，共有正副本書籍八萬卷。端拱元年（九八八）又建祕閣，分三館書萬餘卷以實其中，後來多到四萬餘卷。咸平元年（一〇〇〇）朱昂等上新編書目，到大中祥符時，崇文院著錄三萬六千多卷。八年（一〇一五）崇文院遭到榮王宮火災波及，書多焚燬，僅存的則移到崇文外院。又經過補寫徵集，天聖九年（一〇三一）新建崇文院，分藏群書。景祐元年（一〇三四）命張觀、李淑、宋祁等，將「館閣正副本看詳，定其存廢，譌謬重複，並從刪去。內有差漏者，令補寫校對。倣《開元四部錄》，約

《國史藝文志》，著爲目錄，仍令翰林學士盛度等看詳。」慶曆元年（一〇四一），王堯臣等上《新修崇文總目》六十卷，分十九部，有書三萬六百六十九卷。參與撰集的，還有聶冠卿、郭稹、呂公綽、王洙、歐陽修、刁約、楊儀、陳經等。至於後人多題王堯臣或歐陽修編，是因爲前者的官位高，且領銜上進；後者則學識博，聲望高，且全集中鈔存了若干敘釋。

貳、王堯臣與歐陽修

王堯臣，《宋史》卷二九二有傳，略云：

王堯臣字伯庸，應天府虞城人，沖姪。天聖五年（一〇二七）舉進士第一，累擢知制誥，翰林學士，歷樞密副使、參知政事。嘉祐三年（一〇五八）遷吏部侍郎，八月卒，年五十六。謚文安，改謚文忠。堯臣居樞密三年，務裁抑徼倖，於是有刻匿名書在京師傳布，仁宗不以爲意。典內外制十餘年，文辭溫麗。執政時，曾和宰相文彥博、富弼、劉沆勸帝早立嗣。且說英宗曾養於宮中，宜立爲後，挾著詔書的草稿以進，未果。除編有《崇文總目》外，還有文集，今已不傳。

歐陽修字永叔，门號醉翁，晚年號六一居士。吉州廬陵人。四歲喪父，母鄭氏守節撫孤，家貧，以荻畫地學書，而終能有成。天聖八年（一〇三〇）試禮部第一，授秘書省校書郎，歷官中外俱有政績。官至樞密副使，參加政事。熙寧四年（一〇七一）以太子太師致仕，五年卒（一〇〇七—一〇七二），年六十六，謚文忠。

其成就是多方面的，而且也都很高。

如范仲淹因言事被貶，從此朋黨論起，修進〈朋黨論〉，論事切直，仁宗獎其敢言。

神宗時追崇濮王，命百官議，謂當稱皇伯，改封大國。修則引喪服記，認爲服可降而名不可沒，稱皇伯無典據。而進封大國，則又禮無加爵之道。

他天性剛勁，見義勇爲，屢遭放逐，意氣自如。貶夷陵時，閱舊案，多誤，從此遇事不敢疏忽。歷官數郡，不求聲譽，不突出治跡，寬簡而不擾民，深得擁戴。

善於選拔人才，獎掖後進，多能成爲大器。如曾鞏、王安石、三蘇父子，在還不爲人注意時，就爲他們吹噓，說將來一定能受世人推重。

在學術上的成就也是多方面的：經部有《易童子問、詩本義、詩譜補亡》等。史部有《五代史記》，並參與編撰《新唐書》。文章則爲北宋古文的領袖，詩詞方面也都有很高的成就。《詩話》兩卷，可說是開創之作，後人且用做這一類論著的通名。這些著作，多收入《歐陽文忠公全集》，凡一百五十五卷，有多種刊本，流傳頗廣。

歐陽修在目錄文獻方面，也有很足稱道的貢獻。《崇文總目》外，還有《新唐書・藝文志》。家藏圖書，則編有《歐陽參政書目》一卷。

從他的年譜可知：曾任秘書省校書郎、館閱校勘，預修《崇文總目》，目成，改集賢校理。慶曆三年，曾同修《三朝典故》和起居注。至和元年任史館修撰，預修《唐書》。次年任集賢殿修撰，嘉祐五年，《新唐書》修成表進。治平二年，提舉編纂《太常禮書》百卷。熙寧二年，賜新校定《前漢書》，因他曾參預刊定，這些都和圖書文獻有關。

他又留意金石資料的搜集、整理、考訂。六一居士的意義，藏書一萬卷，《集古錄》一千卷便居其二。這些收藏雖不傳，然其全集有《集古錄跋尾》二卷，五百多篇。其他函札、題跋等部份，討論到金石學的，也還不少。金石之學以宋、清兩代最爲發達，而歐陽修有倡導之功。

他的傳記資料很是豐富，全集的附錄，便有：一、行狀，吳充撰。二、謚誥，李清臣撰。三、墓誌銘，韓琦撰。四、神道碑，蘇轍撰。五、《神宗實錄・本傳》（墨本）。六、《重修實錄・本傳》（朱本）。七、《神宗舊史・本傳》。八、《四朝國史・本傳》（淳熙間進）。九、事迹，歐陽發等撰。十、卷首附有年譜，胡柯撰。再加上依據國史撰成的《宋史・本傳》，多是原始的，或接近原始的資料。

叁、卷　數

一、六十卷原本

崇文總目的卷數，宋人的記述中，便不一致，到了清代，更加紛歧，今分述於下：

一、《玉海》卷五十二引《國史志》：「《崇文總目》六十六卷、序錄二卷。」

二、《皇朝事實類苑》卷三十一藏書之府條第十一則：王堯臣等為目成六十七卷，賜名《崇文總目》。

三、《通志·藝文略》四、《玉海》五十二引《中興書目》、《直齋書錄解題》八、《宋史藝文志》三、《天一閣書目》（註一）、《經義考》二百九十四、《結一廬書目》等，都作六十六卷。《結一廬書目》有明鈔本十冊。

四、《郡齋讀書志》衢州本九、《通考·經籍考》三十四，都作六十四卷。

五、《續通鑑長編》慶曆元年、《麟臺故事·修纂》、《玉海》五十二，都作六十卷。

六、《皕宋樓藏書志》，有鈔本，云六十二卷。陸氏書後歸日本。收入《靜嘉堂秘籍志》。

綜上所記，原書當是六十六卷，別有敘錄二卷，或併作一卷，與六十六卷合計。至於記作六十四卷或六十卷，《四庫總目》認為南宋諸家或不見原著，故所記卷數各異。梁啓超則認爲或南宋時有多數闕本，各家各據其所見之本著錄也。筆者則以爲還可能有第三種情形，便是如醫書類分五卷、道書類分九卷、別集類分七卷，有些傳本，加以省併（註二）。這些都是猜測。清代的六十二卷本，也當作如是觀。不過這應是一卷本的簡目。至於六十卷的原本，在南宋時散佚。今存有一卷本的簡目，和清人兩種輯本。

紹興間曾頒下有目無釋的簡目一卷，不過原本仍然通行。粵雅堂叢書本《崇文總目輯釋》，卷末伍崇曜跋云：「考李心傳《建炎以來朝野雜記》，稱《中興館閣書目》淳熙中修。渡江，書籍散佚，紹興十三年建秘閣，以提舉掌求書籍，至是數十年，所藏充牣，乃命輯爲書目，陳騤領其事，綱例皆仿《崇文總目》，凡七十卷，仿《崇文總目》成書，乃至七十卷之多，則《崇文總目》非一冊，且非有目無敘釋可知。此尤確證。」

其實紹興十二年所頒下諸州軍的簡本，自是據原本所刪的。鄭樵在《通志·校讎略》中，屢次批評《崇文總目》的敘釋，所據當是原本。《郡齋讀書志》衢州本，也載有六十四卷本。

不過袁州本的《郡齋讀書志》，已著錄了一卷本的簡目。晁公武的書，得自井度，這也是紹興十多年的事，可見一卷本頒下不久，已通行了。而袁州本祇載一卷本。衢州本祇載六十四卷本卻又不載一卷本。筆者頗疑晁氏祇有一卷本，衢州本的六十四卷本，有如清人著錄簡目的方式。不然，晁公武在衢州本中，對《崇文總目》應有些批評文字，而不致祇敘編修經過，和引國史中簡略而籠統的批評：「古書難考，故此書多所謬誤。」《書錄解題》便祇有「惟六十六卷之目」的一卷本。梁啓超說：

然《玉海・藝文》及《文獻通考・經籍考》尚錄本書解題多條，王應麟、馬端臨年代皆在陳振孫後，猶見原書，知原書在宋末元初猶存矣。惟王、馬所引，皆屬經史兩部之文，集部全缺，子部亦甚希，則似後半部在宋末已佚也。四庫從《永樂大典》所輯本，其文無出通考外者，似明初編《大典》時已不見原本，僅從《通考》摭拾殘文，則原本殆佚於元代矣。惟方以智《通雅》引《崇文總目》敘數語，爲大典本及今存傳鈔本所無，不知所據何本。《玉海》引《宋國史》稱本書別有敘錄一卷，方氏所引或即其文，豈明末尚有此敘錄孤本在人間耶？（註三）

琯按：《文淵閣書目》卷十一盈字號第六櫃，祇有《崇文總目》一部二冊，注云完全。可爲明初已不見原本作佐證。《通雅》所引《崇文》總目敘，僅有「東晉三千一十四卷，李充校。孝武增益三萬餘卷，徐度校。」計二十二字。《通雅》是類書體，《四庫全書》收在雜家類雜考之屬，《總目提要》卷一一九稱其「窮源溯委，詞必有徵。」不過徵引既多，未必能全據原書，恐是據他書轉引。

梁啓超在考定天一閣、孝慈堂、善本書室、江南圖書館、曝書亭、皕宋樓諸家所藏，雖所記卷數不一，而都是有目無釋的本子。惟有《結一廬目》著錄《崇文總目》六十六卷下注云：『共十本，明鈔本，每條均有解題，千頃堂藏書。』據此，明明是范藏之外，別有一本，而此一本者，實爲晁、陳、王、馬所未睹，或未全睹。六百年間，孤存天壤。而既有此金甌無缺之原本，則四庫館臣與錢氏昆弟之摭拾叢殘，存什一於千百者，眞可憐無益費精神矣。獨怪黃俞邰在當時聲氣甚廣，錢牧齋、朱竹垞輩皆常相往還，何以迄無一人曾見此秘笈。自俞邰迄朱修伯，中間閱百餘年，此本潛藏何處，其間嗜古搜奇之學者最衆，何以諸家題跋無一字道及，更無論錄副傳布也。又《結一廬目》有兩本，其別出之鈔本（民國戊午葉氏所刊）乃不列此目，亦一奇也。朱氏藏書後歸豐潤張氏，辛亥燬於金陵者什而七八，此本存否，末由踪跡。恐此問題終成簿錄界不可解之謎而已。（註四）

琯按：黃虞稷和朱彝尊都生於明崇禎二年（一六二九），黃氏年六十三卒，朱氏卒年八十一。朱氏的《經義考》引黃虞稷的說經語甚多（註五），不僅是常相往還，而所引《崇文總目》，大抵不出《歐陽修全集、文獻通考、玉海》所錄。如果千頃堂有《崇文總目》原本，朱氏斷無不知而加以引用之理。朱氏也不必打算去從《歐陽全集、玉海、通考》等所引，彙鈔爲一本了。

又按：《結一廬書目》共有三、四個本子，不過對討論《崇文總目》原本的存佚，不能

在梁氏所論之外，增加證據。（註六）

二、一卷本簡目及注文

《郡齋讀書志》袁州本二下，有一卷本。《書錄解題》也祇著錄一卷本，云：王堯臣等撰定，凡六十六卷，諸儒皆有論議，《歐公文集》頗見數條，今此惟六十六卷之目耳。題云紹興改定。清錢大昕云：

考《續宋會要》載紹興十二年十二月，權發遣盱眙軍向子堅言：乞下本省，以《唐藝文志》及《崇文總目》所闕之書，注闕字於其下，付諸州軍照應搜訪。是今所傳者，即紹興中頒下諸州軍搜訪之本，有目無釋，取其便於尋檢耳。（註七）

其實這一卷本，據今傳的天一閣本來看，其中仍依據原本分六十六卷。即使四庫全書輯本和錢東垣等輯釋本仍是如此。所以天一閣和清代的一些書目，便據以作六十多卷。不過因爲刪去敘釋文字，篇幅少了很多，所以也有書目便祇算做一卷。由陳振孫說是「今此惟六十六卷之目耳。」可知這一卷的簡目是六十多卷原本的目次，有如王先謙校本《郡齋讀書志》在書前所編的目錄。

《崇文總目》原本既久已亡佚，而《歐陽修全集、通考、玉海》等書，頗加引用。朱彝尊想加彙鈔而未果。不過清代所傳的有目無釋一卷本，雖多說出自范氏天一閣，而實則多從朱氏曝書亭的傳鈔本轉錄。

朱氏雖未能從事《崇文總目》原本的輯佚工作，不過他對一卷本的簡目，似曾有注。《崇文總目輯釋》卷一，《周易正義補闕》條下有：「原釋邢璹（見天一閣鈔本）。不著撰人名氏，其說自謂裨穎達之闕。（見《文獻通考》）。」陳詩庭按云：

> 前《周易正義》「孔穎達等」四字，下卷《尚書斷章》「成伯璵」三字，及此「邢璹」，並與《通考》所引互異，疑世所傳天一閣本，即朱錫鬯所鈔，而此數條皆其增加者。錫鬯曾撰《經義考》，故舊本于經部釋撰人獨多。

琯按：陳詩庭按語實得自四庫全書輯本，庫本卷一《尚書斷章》條：「不著撰人名氏。」館臣按云：「天一閣抄本此書下有「成伯璵」三字，與註不著名氏之說不符，恐是朱彝尊所加，非原本所有。」而庫本《周易正義》和《周易正義補闕》條，館臣則均無按語。是其所據的天一閣本沒有孔、邢璹的姓名，還是館臣略而未加按語，則不得而知。

還有如輯釋本詩類《毛詩古訓傳》條下，有「毛亨撰」，並未注明出自天一閣本或《通考》等，庫本便未記撰人名氏。禮類的三禮「鄭康成注」，兩本的情形相同。不過詩類的《韓詩外傳》下，輯釋本有「韓嬰撰。」庫本則無。這些撰人姓名，似非天一閣本所有。同樣的例子很多。

又如禮類《禮記字例同異》條，輯釋本下有「《唐志》不著撰人，原釋闕（見天一閣鈔本）。」在輯釋的體例上，《唐志》不著撰人，不是原釋，所以庫本沒有。但也不是錢東垣等按語。

而小學類《書隱法》條，輯釋本下有「《通志略、宋志》，並不著撰人。」《禮記字例同異》下有「《舊唐志》無，《新唐志》作異同。」《新唐志》成書已在《崇文總目》之後二十年（註八），不過相去還不遠，且同出歐陽修之手。至於《通志》，成於南宋，《宋志》更晚在元代。不僅不能爲《崇文總目敘釋》所引用，紹興間的有目無釋本，也不能引用。而這一類的例子也很多，且不僅是經部這一條，史、子、集三部也很多。這一問題遠比《周易正義》下的孔穎達等撰人姓名重要，錢輯本無一字說明，而僅因庫本致疑於闌入敘釋的撰人，可說見小遺大了。頗疑這些引證的各家書目，也出於朱彝尊，因爲清代流傳的《崇文總目》簡本，雖多說是出自天一閣本，實則每從朱氏曝書亭本轉鈔。而錢輯本則多少受到這些注記的啓示。

這類注記，四庫全書輯本可說沒有，或是比錢輯本少得多。

三、輯本

朱彝尊打算輯《崇文總目》敘釋的佚文而未成，後來有兩種輯本：

一是乾隆間修《四庫全書》時，輯自《永樂大典》，並以《玉海、通考》等所引，分爲十二卷。

二是嘉慶間錢東垣等認爲庫本頗多缺失，補缺訂譌，所增甚多，後來居上。成書後刊本甚多，最爲通行。

這兩個本子各有所長，而也都有缺失。所以趙士煒曾加校補，惜未成書。陳漢章有補正四卷，傳本甚少，未見。

庫本和錢輯本，另有專章論述。

肆、著錄

《漢志》在每一略、類之後，都有一統計數字，記其所收書的家、部、篇或卷的數量。《隋志》等仿之。不過這些數字，因爲多次傳鈔、刊行，常生錯誤，與今本的實際數量有出入。後來如姚振宗重加核計，不過仍不能很精確。

《崇文總目》的每一卷，也都記其部、卷數。四庫輯本在卷末，錢輯本改在每卷前。並就《玉海》所引《國史志》等，加以比較。又就其輯本所收，核其實數，固有相同的，也有些頗有出入，今列表於後。至於一卷中有多類，如卷二十六，收法家至農家，凡六家，均分別計數。不過如醫書類分五卷，道書類分九卷，仍分卷計數，而無全類的合計數字，今分別合計。又經、史、子、集四部，各計其總數。最後則計全書的部、卷數。至於錢氏核實的數字，則不再統計。因既不甚精確，故從略。

各部類的部、卷數多少，不僅表現出圖書收藏量，也可從而分析其原因及其意義。

一、著錄統計表

類	名	部數	卷數	附記
一	易	一八	一七一	玉海一七八卷，不合今本
二	書	七	八一	
	詩	八	一一五	
三	禮	三三	一〇九七	

四	樂	四八	一八一	玉海二八一卷，實四九部三〇二卷
五	春秋	三三	三九六	實三九七卷
六	孝經	五	九	
	論語	一三	二一〇	
七	小學上	二八	三〇〇	玉海合上、下計，五七部五一九卷
八	小學下	二九	二一九	實二三一卷，圖書合缺卷數
計		五七	五一九	
	經部	二四二	二一二九	
九	正史	三〇	二一六二	玉海誤一一六二卷，實二九部二一三一卷
一〇	編年	三八	五七九	實六〇六卷
一一	實錄	三三	八四一	實八〇一卷
一二	雜史上	六八	六七一	實六六一卷
一三	雜史下	三四	三三五	實三三部三三一卷
計		一〇二	一〇〇六	
一四	僞史	二七	三二六	實三一九卷

一五	職官	三四	二〇二	實二二五卷
一六	儀注	二八	一一〇	實二九部一二〇卷
一七	刑法	五一	七一六	玉海同，實七〇五
一八	地理	八三	六四七	玉海誤八四七卷
一九	氏族	四一	一一三	實一〇九
二〇	歲時	一五	四二	
二一	傳記上	七八	三七〇	實六八部
二二	傳記下	七六	四七六	實七四部四二八卷
計		一五四	八四六	
二三	目錄	一九	一七九	實一八六卷
	史部	六五五	七七六八	
二四	儒家	四四	三二〇	實三三〇卷
二五	道家	三五	一七〇	實一六八卷
二六	法家	六	六五	
	名家	五	一〇	

	墨家	二	一六	
	縱横家	一	三	
	雜家	三九	四二二	
	農家	八	二四	
二七	小說上	七一	二九九	實七〇部二八七卷
二八	小說下	八一	二八九	實七九部二九〇卷
計		一五二	五八八	
二九	兵家	六〇	一一六	實五九部二四二卷
三〇	類書上	四六	四六五〇	實四四部四三一〇卷
三一	類書下	五一	八六五	實四九部八四四卷
計		九七	五五一五	
三二	算術	三一	七九	實七三
三三	藝術	五四	九八	實五二部一〇〇卷
三四	醫書一	五九	一二七二	實五八部一三八四卷
三五	醫書二	六〇	二八八	實五八部三六三卷

三六	醫書三	五六	一五三	
三七	醫書四	六五	一三九	實六三部一四六卷
三八	醫書五	六五	一三〇	實一三五部
計		二五五	一九八二	
三九	卜筮	六〇	一一四	實五六部一一〇卷錢輯本此下卷四
四〇	天文占書	五一	一九七	實四七部一八一卷
四一	曆數	四六	二三九	玉海曆律類四十七部，實四六部二五七卷
四二	五行上	四二	五〇四	實五〇一卷
四三	五行中	七三	一八五	實七二部一七七卷
四四	五行下	五〇	一四九	實五二部一六〇卷
計		一六五	八三八	實一七五部八四一卷
四五	道書一	五五	一〇四	實九五卷
四六	道書二	五〇	二八六	實四八部三八〇卷
四七	道書三	五八	八一	實五九部八二卷
四八	道書四	八三	九八	實七九部九七卷

四九	道書五	五八	八四	實八六卷
五〇	道書六	五五	七九	實五四部七五卷
五一	道書七	五一	八一	實五六部
五二	道書八	五五	八五	實四九部
五三	道書九	六〇	一〇六	實一〇〇卷
計		四三三	一〇〇四	
五四	釋書上	五七	三三六	實五五部三三九卷
五五	釋書中	五四	八九	實九八卷
五六	釋書下	二七	二〇二	實二九八卷按二一一卷
計		一三八	六二七	
	子部	一七二四	一三三〇二	
五七	總集上	七三	二六三九	實二七二八卷
五八	總集下	七四	四一〇	實七二部四二八卷
計		一四七	三〇四九	實一四五部三〇六七卷
五九	別集一	九九	一一三六	

六〇	別集二	一一三	一四六四
六一	別集三	七六	三〇二
六二	別集四	一一八	三五一
六三	別集五	四二	一〇二
六四	別集六	六二	三三二
六五	別集七	六二	五三六
計		五七二	四二一三
六六	文史	二五	七〇
	集部	七四四	七三三二
總計	三、三六三部	二九、四三一卷	

卷數比《宋志》等所記的三〇、六六九卷，要少一、二三八卷，相差約百分之四，還不算多。除了數字上的錯誤之外，書目今傳輯本，比原本當有脫漏。

二、分　析

四部書以經部書二四二部二、一二九卷最少，僅各佔百分之七強。其中五經，合計不滿百部，竟然沒有《毛詩・鄭箋》，不過其他經傳的古注和正義（當時分別單行，到南宋才有經注疏合刻本），都還齊備。樂類四十八部，較其他書目，在比例上，算是多的。

經部在《總目》中是前八卷，平均每卷三十部書，比總平均的四十五部要少得多。可見各書的敘釋文字要多些。

史部六五五部，七、七六八卷。在卷九至二十三，計十五卷。其中以傳記類的一五四部，雜史類一〇二部，地理類的八十三部較多，比例和其他書目則相差不大。

子部書一、七二四部，佔一半有奇。一二、二〇二卷，佔五分之二，如果把類書類上的《太平廣記、太平御覽、冊府元龜》這三部大書計二千五百卷剔去，則不滿萬卷，平均每部書不到六卷。而類書類上也祇有二、一五〇卷，不會太特出。醫書類佔五卷，收書二五五部，比經部還多，這反映了宋代很注重醫藥，尤其是仁宗一朝。道書類更多，佔九卷，收書四三三部，一、〇〇四卷，僅次於別集類的五七二部。宋代多次編刊佛藏，也整理刊過道藏，可是公私書目，卻都未見著錄成套的藏經，而祇收些零種。道書類平均每部祇有二、三卷。釋書類更祇有一三八部，六二七卷。

集部對《楚辭》僅收王逸注十七卷，所以列入總集類卷首。《楚辭》本是總集，後世沿著《漢志、隋志》舊例，自成一類。《崇文總目》並不是要在分類上有所更張，祇是因僅存一部書。

經部書本就不多，可是目中所記，也太少了，固然可能是秦王宮火之後，未能復原，可是與其他三部相比，實在太少。宋代頗重經學，政府校刊的經書就不少，其原因何在，倒値得探索。《楚辭》也僅有一部王逸注本，至不能成類，也不可解。至於醫書、道書特多，已見上述。

伍、體例

《崇文總目》雖有輯本，然而殘缺過甚，已遠非原來面目。試以錢輯本爲例。所輯原敘三〇篇（合總敘爲三一篇，詳下文。）而總計四十六類，不過三分之二，而且多有殘損。原釋九八〇條，和原書著錄的三、四四五部相比，不到十分之三。且所輯得的原釋，有些僅有撰人姓名，或是三五個字的說明，甚至天一閣本所注的「闕」字也列入。雖「較勝於無」，然和敘釋詳明的條目相比，便知殘缺的嚴重了。尤其子部後半和集部，原釋所存極少，偶有又極簡略。所以根據這一殘缺過甚的輯本，來討論其體例，不免有以偏概全之失。

不過書雖殘缺，卻也具體而微，試加分析：

一、**書前有總敘**　錢氏從明方以智的《通雅》輯得「東晉三千一十四卷，李元校；孝武增益三萬餘卷，徐度校。」二十二字。錢繹案云：「方密之引《崇文總目·敘》云云。考諸家著錄，並不云總目有敘，即後人援引亦罕有及之者。然宋時儒臣審定之書，皆有敘錄。……今審此文，其為敘其語無疑。」

二、**每類有小敘**　天一閣鈔本敘久散佚。《四庫全書》輯永樂大典本，列敘於前。錢輯本從《歐陽文忠公集》輯錄，依前志例次每類之後。按：《漢志、隋志》，每類都有小序。《兩唐志》從缺。《崇文總目》則能遠承漢、隋舊制。此後晁公武《讀書志》則四部各有序。各類之中第一部書的解題，每有一段具有小序性質的文字。筆者鈔得二十八類三十五則，另有專篇（註九）。而陳振孫《書錄解題》輯本存小序八篇，其他各類似係佚去。《崇文總目》實有承先啓後的功能。

其有小序各類，計有：

經部　易、書、詩、禮、樂、春秋、論語、小學。共八類。

史部　正史、編年、實錄、雜史、僞史、職官、儀注、刑法、地理、氏族、歲時、傳記，共十二類。

子部　儒家、道家、法家、名家、墨家、縱橫家、雜家、農家、小說、名家，共十類。

以上共計三十篇，合書前總序，得三十一篇。

三、經、史、子、集，四部無序　按《四庫全書》輯永樂大典本，以及錢輯本，每卷僅標類名，而無四部之名，頗疑《崇文總目》亦不分部。陳振孫《書錄解題》，明人編的《文淵閣書目》，也都分類而不標四部之名，這也可說是一個系統。這一說法如果成立，自然便沒有每部的序了。

四、每類有共若干部，計若干卷的總數　《四庫全書》輯大典本列於各類前的敘後。錢輯本則因「其總數則編次時已列於前，故仍舊本（天一閣本）錄之。」而不從《漢志》等總數皆在目後的成例。各類今本總數，與舊本所記，每有差異，錢輯本則核實另注。然易類「共一十八部，計一百七十一卷。」東垣按：「《玉海》引《崇文總目》七十一作七十八。」則未能核計。今按：今本計一百七十八卷，與《玉海合》。

五、敍釋　一般的解題書目，不外記述些作者的生平、時代、學術思想。書的內容、篇章、卷帙、眞僞、價值。和同類書的比較，他人的批評，對當時和後世的影響等。《崇文總目》的敍釋也大致如此。而從雕板印書興起後，著錄一書的板刻，以至其他刻本，相互間的關係，並加以比較等，浸而發展成獨立的板本學。我國雕板印書，始於唐而盛行於宋。是以宋代的書目，如《郡齋讀書志、附志、遂初堂書目、直齋書錄解題、玉海・藝文部》等，都記錄了不少板刻資料。這些都是在南宋編成的書目，所記也以南宋時期刻書情形爲主。《崇文總目》編成於北宋，如果也記有板刻資料，自然更可貴。可是很遺憾的，在錢輯本中，僅找到《說文字原》一卷，記賈耽命李陽冰姪騰，集許愼《說文目錄》五百餘字，「刊於石」以爲世法。而未找到雕板印書的記錄。是《崇文總目》的敘釋在體例上不加記述，還是記述部分都已散佚了。這兩種情形都有可能。因爲《晁志、尤目》，成於南宋初年，所記板刻資料不多。而《趙志、陳錄》後出，所記便多了。《玉海》編成，應已入元，所記更多，不過以官刻本爲主。發展的情形，由少而多。那麼上溯到《崇文總目》，是已有板刻方面的記載，或是還沒有，便都有可能。所以根據殘缺過甚的輯本，去瞭解一書的體例，必然會有這些無從猜測的情形。如果有足本的《崇文總目》，或是北宋編成的其他解題書目，在目錄學史或板本學史上，便可對書目記載板本的情形，加以追本溯源了。

陸、分　類

《崇文總目》的分類，因襲多而少創立，今就姚名達的〈四部分類源流一覽表〉（註一〇）（以下簡稱〈姚表〉附本書卷末），加以分析：

經部的六經部分，從《漢志》到《晁志》，類名和順序相同。《漢志・六藝略》，次論語類於孝經類之前，《隋志》兩類順序互易。《兩唐志》以後各家書目，多仍改從《漢志》。對這一問題，筆者認爲《漢志》的順序較適當，另有專文討論（註一〇）今不贅。《兩唐志》有經解類。《晁志、陳錄》以下皆從之。《崇文總目・論語類》附有《白虎通德論》到《演聖通論》等八部書，都是經解類的書，而未立一部。雖取法《漢志、隋志》，然兩志因書少，作爲附錄，記於群經之末。《兩唐志》既另立一類，且《崇文總目》所收經解類的書已遠多於論語類，還作爲附錄，可說末大於本。

《隋志》有〈讖緯〉，《新唐志》從之，《舊唐志》作圖緯。《崇文總目》僅有易緯三部，不足成一類，而收入易類。此後各目，除《陳錄、馬考》仍有讖緯類外，多從之。

史部分十三類，與《隋志、兩唐志、晁志》相同，而內容則略有出入：

《隋志》有舊事類，後來各家書目多從之，類名則或用故事類、典故類。而〈姚表〉中《崇文、晁志、四庫》三目無之。

《隋志》有起居注類，《兩唐志、陳錄、馬考》從之。《崇文總目、晁志、尤目》有實錄類，而無起居注類。《宋志》以降，多無此兩類，因存書不多，併入編年類。其實今天明、清兩代的實錄與起居注，都是龐然巨帙，且多經印行，而各家書目仍多入編年類。所以《崇文總目》立實錄類的影響可說不大。

《崇文總目》在氏族、傳記兩類間有歲時類，《陳錄、馬考、四庫》則有時令類。

氏族類在〈姚表〉中，與各目名爲譜狀、譜系、譜牒、姓氏等類，列在同一行。譜系或譜牒，涵蓋較姓氏爲廣。

姓氏類與傳記類內容相近，如書不多，且可併入傳記類。而以歲時類介入其間，則不相宜。

子部分二十類，各家書目，除《馬考》相同外，多不足此數。《新唐志》子部共十七類，其中明堂經脈類，〈姚表〉列於《七略·醫理》《漢志·醫經》同一行。而醫術類則列於經方類同一行。《隋志、舊唐志》併爲醫方類，《崇文總目》名爲醫書類，此後各家多從之。《馬考、四庫》則名爲醫家類。《崇文總目》承襲《漢志·諸子略》自儒家至農家，小說類則與《新唐志、晁志》略去家字。《漢志·諸子略》共九流十家，以小說家不入流，到宋代更略去家字。《崇文》則仍保留家字。而於九流十家之外的兵書、醫書、道書、釋書等類目，則皆不稱爲家。此後的書目，或書與家混用。

釋、道二家，自有其目錄。歷代官錄及史志，多不能作很適當的處理。姚名達說：荀勗已收佛經入《中經簿》，王儉並收道經、佛經而不在《七志》之限。《七錄》特立佛法、仙道二錄，《隋志》仰承成例，稍加删併，成爲四部目錄之祖。《七志、七錄、隋志》雖以釋、道兩家各自成部，與經、史、子等並列，實是附錄。《隋志》對道佛二部僅各有長序及所收經論部的部數、卷數，而未如其他部類，詳列所收各書的目錄，實是祇看作附錄。《舊唐志》更僅在道家類收此傳記、經論，而不收釋書，《新．唐志》又在道家類之末，收錄此佛書，更貶低了兩家的地位。〈姚表〉在《兩唐志》的道、釋兩家的位置，留了空白，也不合實情。

《崇文總目、新唐志》有類書類，以成書先後來說，《崇文》居先。〈姚表〉則互易其順序，這是依一般的慣例。

漢、隋、兩唐各志都有天文、曆算兩類。《崇文》則有算術、天文占書、曆數三類，所析出的算術類之後，隔了道書、醫書、卜筮三類，才是天文占書，更不可解。

其他各類，與其他書目間有出入，多無關宏旨。

《集部》立文史類，此後多從之，四庫改爲詩文評類。

《崇文總日、新唐志》都係歐陽修編撰，而在分類上則頗有出入。有的地方因《兩唐志》有承傳的關係，可是也不盡如此。以同一人所修的書目，不能互相取其所長，去其所短。或是參預人多，各有主張。或是歐陽修並未能在分類上多申已見，以至如此。

【附註】

註一　《天一閣書目》傳本不一，手頭僅有薛福成編《天一閣現存書目》，其卷二、卷末史部，和所附楊鐵夫重編《寧波范氏天一閣圖書目錄》，均《無崇文總目》，則今已不存。

註二　本書所附〈姚表〉，《崇文總目》道書類下有小字一二三四五，表示分爲五卷，然分六十六卷的輯釋本，道書類分爲九卷，我頗疑姚氏所據的是六十二卷本。

註三　見《圖書大辭典簿錄之部·官錄及史志》，臺灣中華書局多次印行。

註四　同註三。

註五　《經義考》所引黃虞稷曰，頗有異同，更有出今本《千頃堂書目》之外的，筆者曾撰有「經義考所引千頃堂書目校證」，載《書目季刊》六卷四期，民國六十一年六月。

註六　《結一廬書目》除梁氏所提到的別本之外，葉德輝刻觀古堂書目叢刻本卷二目錄類：「《崇文總目》六十六卷，計十本　宋王堯臣等奉敕撰　明鈔本每條均有解題　千頃堂藏書。」清宣統元年刊晨風閣叢書本卷二，無「計十本」三字，然該本其他各書，於觀古堂本各條所載計若干本字樣，全行刪除。又千頃上有黃氏二字。

註七　見潛研堂文集卷二十五。

註八　《新唐書》修成於嘉祐五年（一〇六〇），《崇文總目》則修於景祐元年至慶曆元年（一〇三四～一〇四一），早於《新唐書》二十年。

註　九　郡齋讀書志中之小序　國立中央圖書館館刊二十卷一期　七十六年六月。

註一〇　原表《馬考》脫詩集類，今補入。至於程千帆在《校讎廣義·目錄篇》所附本表，說《尤目·馬考》脫章奏類。按表中二目的章奏類在史部，不脫。

註一一　見〈論經部書的分類〉預定載《國立中央圖書館館刊》二七卷一期　八十三年六月。

第二章　輯　本

清《四庫全書》及錢東垣等先後有《崇文總目》輯本，而互有得失，今取兩本比勘，錄其異文，管見所及，亦予附記。

壹、四庫全書輯本

《崇文總目》不僅原本早已由殘闕而亡佚，即使一卷本簡目，也僅有鈔本流傳。乾隆間修《四庫全書》時，因從《永業大典》輯出敘釋。提要說：

刊除敘釋之後，全本已不甚行，南宋諸家，或不見其原書。此本爲范欽天一閣所藏，朱彝尊鈔而傳之，始稍見於世，亦無敘釋。其每類之敘見於《歐陽修集》者，祇經史二類及子類之半。《文獻通考》所載論說亦然，晁公武《讀書志》、陳振孫《書錄解題》，皆在《通考》之前。惟晁公武所見，多《通考》一條。陳氏則但見六十六卷之目，題曰紹興改定者而已。《永樂大典》所引，亦即從晁陳二家目中採出，無所增益，已不能復覩其全。然蒐輯排比，尚可得十之三四，是亦較勝於無矣。謹依原次以類補入，釐爲一十二卷，其六十六卷之原次，仍注於各類之下。

梁啓超說：《崇文總目》編纂歷史及內容價値，《四庫提要》論列頗詳允。而前引對輯佚的說明，則不夠明白。所說「晁公武所見，多《通考》一條，」即指衢州本所載的六十四卷本。「從晁陳二家目中所採。」是說晁陳二志所記的一卷本簡目，而晁陳二家，也是書目，易於誤解是從《晁志、陳錄》本書所引採出。「無所增益」，固然如此，可是和天一閣本卻不免有些出入，當是因傳鈔本既多。而有歧異。「蒐輯排比，尚可得十之三四。」如指簡目，實大體完全；如指原本敘釋，則有六十多卷，不僅庫本不到十之三四，即使錢氏輯釋本，也沒有這麼多。

輯釋本附錄引《四庫全書簡明目錄》後，有錢侗按語：「是書編類，悉依天一閣所鈔紹興改定本。《歐陽公文集、文獻通考》所載敘釋，並採附諸書之後。餘如《永業大典》所引各書，亦取證一二，凡原敘二十七篇，原釋二百一十七條，引證二十一條。」和錢輯本輯得的原釋九百八十條相比，還不到四分之一。而更可見庫本的苟簡。

四庫輯本除收入台灣商務印書館印行的文淵閣本《四庫全書》外，先是，該館選印四庫珍本，《崇文總目》收入別輯。

一、庫本與輯釋本勘異

錢侗輯本在卷首小引中說：「屬友人于文淵閣中借鈔四庫館新定之本，互勘異同。」而輯釋中卻未見引證，今取商務印書館影印文淵閣本，勘其異同於下。

卷一

每條數字爲錢輯本葉次，在下半葉的，葉次下加一下字。

頁二　《周易》十卷　李鼎祚注　館臣按：鼎祚自序稱十八卷，《唐志》作十七卷，蓋刪去王弼《略例》一卷。　琯按：錢東垣云：考鼎祚自敘但云十卷。《四庫提要》考鼎祚此書卷數甚詳。今並傳十卷、十七卷二本，均完足。

四下　《周易傳》　微旨　庫本誤徵旨。

五　《周易甘棠正義》　庫本敘釋同《通考》所引，惟以孔穎達正義申演其說句誤脫以字。　按引《經義考》云云，則同錢本所引《玉海》。並云據此則《文獻通考》所引此條孔穎達正義上疑有「本」字。

六　《周易正義補闕》　東垣按語，附陳詩庭論天一閣本原釋「邢璹」，與《通考》所引「不著撰人」互異，疑朱錫鬯所增。　琯按：詩庭所云，得自書類《尚書斷章》條館臣按語。

六下　易類原敘　而易以故最譌。　庫本作最完，是。

七　《參解卦爻》　庫本爻作文，是。

八　《尚書》十三卷　孔安國傳　庫本無孔安國傳四字。按云：《永樂大典》引此條，入孔安國《隸書古文尚書》條下。　琯按：庫本、錢本，均無《隸書古文尚書》。而本條之前，均有《古文尚書》十三卷一條。

八下　《尚書斷章》　館臣按：天一閣鈔本此書下有成伯璵三字，與注不著名氏之說不符，恐是朱彝尊所加，非原本所有。

九　書類原敘　各藏□本於家　庫本作其本。

十一　詩類原敘　至平帝時。　庫本平下注：一作章。

十四下　《開元禮京兆義羅》　申術其說　庫本術作衍，可從。

十五　《開元禮百問》　庫本百作旨。

十七　《謚法》四卷　庫本四作十。　按云：《永樂大典》引此作謚法四卷，《文獻通考》亦同。

十七下　又以單複爲別。　庫本複下有謚字。

十八　禮類原敘　雖二（東垣按：一作百家。）家殊說。庫本二下有百字。　琯按：依文義當作百家。

十八下　《太樂令壁記》　庫本太作大。

十九　《樂府解解》　庫本作《樂府解題》。　又按云：《永樂大典》云：《宋志》：王昌齡《續樂府古解題》一卷、《崇文總目》同。　琯按：館臣所按，宜入次條。

十九下　《聲律要訣》　而于樂理尤諳焉　庫本作而于禮樂尤詣焉。　琯按：於義錢本爲長。

二一　《琴手勢譜》　趙邦利　庫本作趙邪利。後同。

二三　《琴調》　側蜀琴調。　庫本下琴字作瑟。

二三下　《廣陵止息譜》　暴興中止。　庫本中作終。　又袁孝已，庫本已作尼。　又僧思古思古。　庫本思古不重。　又次頁重出《廣陵止息譜》一卷，按云：《永樂大典》云：李良輔《廣陵止息譜》一卷，《崇文總目》闕。

二四　《無射商九調譜》　庫本在次條《東杓引譜》後。　又蕭祐撰，祐作怙。錢云祐

《通考》作帖誤。

二四下 《琴聲律圖》 庫本在次條《琴雅略》後。

又 《圖琴制度》 庫本圖誤國。

又 《琴雅略》 齊嵩撰，庫本嵩有木旁。

二六下 《三樂譜》 商調三樂譜。 庫本下譜字作記。

二七 《琴書正聲》 接輿。 庫本作接與。

又 《琴譜調》三卷 庫本作五卷。按云：《永樂大典》引《宋志》作《琴譜調》三卷，《文獻通考》同。

二八 樂類原敘 易以卜筮不焚。 庫本焚作禁。

二九 《春秋外傳國語》 唐固。庫本作唐因。

二九下 《春秋繁露》 庫本原釋：「漢膠西相董仲舒撰。按仲舒本傳，說春秋事得失，聞舉玉杯、蕃露、清明、竹林之屬數十篇十餘萬言，解者但謂所著書名，而《隋、唐志》繁露卷目，與今正同。案」下接錢本引《玉海》其書云云。 瑄按：頗疑上文出大典所引。

又 東垣按引歐陽永叔〈書春秋繁露後〉百餘字，所記校此書甚詳，《四庫提要》、姚振宗《隋志考證》等，均未能徵引。

三一下　《春秋正義》　皇朝孔維。　庫本維作淮。

三三下　《春秋指掌》　申證其義。　庫本申誤中。

三五　《左氏傳引帖斷義》　敫經具對。　庫本作敷經。

三七　《春秋纂要》　鈔集之文。　庫本按：此下似有脫文。

三八　春秋原敘　無能用諸。　庫本諸作者，是。

三九　《孝經鄭注》　日本僧。　庫本僧誤增。

四十下　《論語》十卷　何晏集解。　庫本無何晏集解。按云：《永樂大典》引作《集解論語》十卷。

又　《論語義疏》十卷　皇侃撰。　庫本無義及皇侃撰四字。按：《永樂大典》引此作《皇侃論語義疏》十卷。

四二　《刊謬正俗》　庫本亦按引《校讎略》，而在當入經解類下云：「其說甚允，然《白虎通》、《五經鈎沈》及《六說》以下七書，均不詮釋《論語》，何獨此書。疑本有經解一門，以《白虎通》為首，而佚其標題也。」　錢東垣云：其論非是，說已見前。　瑄按：錢說見頁四十論語類標題後，略同館臣。

四二　《六說》　故止五卷。　庫本無。

四五　《辨釋名》一卷　韋昭撰。　庫本釋作雜，與錢氏按引舊本同。　又無韋昭撰三字。　又按云：《隋志》韋昭有《辨釋名》一卷，此雜字疑誤。

又　《廣雅音》一卷　曹憲撰。　庫本無撰人。　按云：大典云：《宋志》張楫《廣雅音》三卷，《崇文總目》同。　琯按：輯釋補遺《廣雅音》條，錢侗按：四庫館新定本引《永樂大典》云云。今本一卷，伯兄據諸家書目釋作曹憲撰。侗考楫撰《廣雅》，本未作音，故史志亦止有曹憲書。疑宋志偶誤，而大典承之。

四六　《說文解字繫傳》，庫本在《韻譜》前。　按云：徐鍇依前姜虔之例，宜有僞唐字。鍇卒於圍城中，未入宋也。

四七　《說文解字》　徐鉉。　庫本鉉下有等校定三字。

五一　《圖書會》　庫本無此書。　錢東垣按：此書卷數原缺。　琯按：《通志・藝文略》小學家有《圖書會粹》十卷，疑此書書名亦有脫字。

五二　《小學類序》　隨世轉易。　庫本易作移。　又爲體各略，庫本略作異，是。

卷二　史部

一下　《史記正義》　庫本按云：此註似不應在《史記正義》下，今姑仍原本錄之，附著於此。　琯按：錢繹按語出自庫本。

二　《漢書答問》　闕列傳以下諸篇。　庫本列作劉，與《通考》合。

二下　《志》二十卷　庫本連前條《後漢書》九十卷爲一條。

五　庫本次序爲《魏書·天文志、北齊書、後周書》，較錢本爲順。　又魏上有後字。

五下　《隋書》八十五卷　庫本卷下有志三十卷四字。

十下　《帝皇興廢年代錄》　帝皇年代圖　庫本皇並作王。

十一　《歷代帝王正閏五運圖》　庫本閏誤運。

又　唐至《五代紀年記》五卷　庫本五作二，又在次條《歷代君臣圖》後。

十一下　《編年類原敘》　春秋之後。　庫本春秋作孔子。

十二　《唐高宗後修實錄》　庫本後作復。

十七　《越絕書》　錢本後有陳詩庭引《讀書附志》云：《崇文總目》十五卷。　庫本按語更引希弁所考卷數不同之由。

十九下　《北史》　庫本按：鄭樵《通志》云：李延壽《南北史》，《崇文》類於雜史，非。

二一　《大業拾遺》　庫本遺下有錄字，與錢校引《通志》同。

二三下　《太和辨謗錄》　庫本太作元，與錢引舊本同。

二四下　《正陵遺事》　庫本正作貞，不諱。

二六下　《梁列傳》　庫本在次條《梁太祖編遺錄》後。

二八下　《文行史》　庫本史作錄，同錢校引《宋志》。

二九　《史略》三卷　庫本三作五。

二九下　《史通析微》　庫本在次條《史所》後。

又　雜史類原敘　庫本按引《通志》，論《崇文總目》道書、雜史兩類，極有條理，《隋唐二志》雜史皆不成條理。不具錄。

三十下　《後蜀孟氏後主實錄》　庫本在次條《先主實錄》後。

三一下　《湖湘馬氏故事》　庫本馬作高。

三三　僞史類原敘　自彊一方，庫本一字脫。

三七　儀注類　共二十八部　庫本二作一，誤。

三八　《漢舊儀》　庫本在次條《諸州縣祭社稷儀》後。

三八下　《漢官典則儀式選用》　庫本在前條《獨斷》前。　又庫本則作職。

三九　《書儀》　裴茝　庫本按：《永樂大典》注云：元和太常少卿。

四十　《中禮儀注》　庫本中作掌。

四十下　《四季祠祭文》　庫本作四季祭祀文。

又　儀注類原敘　車旗服器。　庫本作車服禮器。

四四　《太平興國編敕、景德農田編敕、儀制赦書德音》　庫本第一、三兩書，次序互易。

四七下　《山海經》　侍中秀領校。　庫本按語引，與秀即劉歆也相連。不如錢本分別原釋與黃校爲是。

四八下　《十洲記》　庫本洲作州記。

五十　《大唐西域記》十三卷　庫本三作二，與錢校引諸家書目同。

五十下　《黠戛斯朝貢圖傳》　庫本無傳字。

又　《四夷朝貢錄十卷》　庫本無十卷二字。

五二下　《諸道山河地名要略》　庫本在文括《九州要略》前。

五三　《元和國計圖》　庫本計誤記，同錢校引舊本。

五五　《湘州記》　庫本與錢校引舊本，湘均誤相。

五五下　《雲南行記》□卷　錢校云：宜從通考（琯按：當作通志）作一卷。　庫本正作一卷。

五六　《兩京道里記》三卷　庫本三作二。

五七　《三代地理志》七卷　庫本七作六，與錢校引《通志略、宋志》同。

五七下　《新集地理志》　庫本集作雜。

五八下　氏族類　計一百一十二卷。庫本二作三。

五九下　《宰相甲族》　庫本宰上有國朝二字，與錢校引《通志》舊本同，則存唐人之舊，不當據《玉海、尤目、宋志》等刪。

六二下　《唐氏譜略》　唐書總記帝系。　庫本在《大唐皇室新譜》前　又「又一部」庫本無，而在《五姓徵氏》後，有《唐氏譜略》一條。

六三　氏族類原敘　祖宗世次。　庫本世誤曲。

六五下　歲時類原敘　詩曰　庫本作傳曰。

六六　《列女傳》　錢繹按語與庫本按語相近。　錢校本所引「王回、曾鞏皆敘之。」則出自《讀書志附志》，而未著出處。

六七　《正始名士傳》三卷　庫本三作二。

又　《文士傳》　錢校引《通志》又有《裴朏續文士傳》十卷。

庫本按：《永樂大典》云：《裴朏續文士傳》十卷，《崇文總目》闕。

六八下　《同姓名譜》　庫本譜作傳。

六九下　《李靖行狀》　庫本狀作述。

七十下　《尚書故實》　庫本按云：其書稱嘉貞爲四世祖，疑非延賞也。（《新唐書・藝文志》亦云，尚書即張延賞。）

七一　李德裕《南行錄》一卷　庫本一作四。

七三　《兩京新記》　庫本與錢校所引舊本兩均誤作西。

七四　《潭州刺史大廳壁記》　錢繹按：此數原闕卷數，無本可證。　庫本作一卷。

七四下　《嵩岳記》　庫本岳作山。

七五　《吳興雜錄》　庫本錄作記。

七六下　《廣孝□新書》　庫本不空字，與錢校引《玉海》同。

七七　《六氏英賢徵記》　庫本六作陸。

七八　《唐末見聞錄》　庫本錄作銘。

七九　《三楚新錄》　庫本此下有《紀聞譚》一卷、《朝野僉載》二十卷兩書。

又　許國公《勤王錄至稽瑞》七書，其順序爲七、二、一、四、三、六、五。

八二下　《秦傳玉璽譜、玉璽雜記》　庫本無此二書。

八四　《唐秘閣書目》　庫本與錢校引舊本均脫閣字。

八五下　庫本於卷末按云：《玉海》云：《崇文》有目錄十九部、一百七十九卷，始于《符瑞圖目》一卷，終于《學士院雜撰目》一卷。

卷三

二　《續孟子》　非軻自著書　庫本脫自字。

二下　《賈子》十九卷　庫本無十字。與《玉海》所引合。

三　《法言》　庫本法上有揚子二字，下條同。

三下　《說苑》　今存者五卷。　庫本卷下有餘皆亡三字。

七下　《李子正辭》　庫本辭作解。

八　儒家類序　不有殊焉。　庫本無有字。

又　道家類　共三十五部計一百七十卷　庫本五作六、卷上有二字。

八下　《道德經》一卷　王弼注。　庫本一作二，與錢校引諸家書目及今本合。

九　《道德經疏》　庫本在《道德經廣聖義》後。

九下　《道德經譜》（庫本道上有老子）　庫本在《道德經疏義節解》後。　又仕蜀，庫本作仕僞蜀。掇其要作綴其要。

十一　《集注陰符經》　李淳風、李筌。　庫本無李淳風。

十二　《驪山母傳陰符元氣》　庫本氣作義。
十四　《管子》　劉向錄校。　庫本無錄字。
又　《管子》今存十九卷。　庫本今誤自。　又而下，庫本作而上。
又　《管子指略》　上有又有二字，接前條原釋，併爲一條。
十八　《仲長子昌言》二卷　分爲二卷。　庫本二均作三。
十八下　《經史治國》　庫本作史經治國。
二三　公侯政術　庫本與錢校所引舊本，政均作正。
二四　小說類上　共七十一部計二百九十九卷。　庫本作七十部二百八十八部。
二七　《雜記》　庫本雜記作雜說。
三一下　《化書》　庫本在《感應經》後。
又　《造化權輿》　庫本輿作衡。
三三　《續前定錄》　庫本脫前字。
又　《續定命錄》　庫本續作感。
又　小說類下　共八十一部計二百八十九卷。　庫本作七十九部二百八十卷。
三四下　《紀耳》　庫本作紀聞。

三九　《異魚圖》五卷　庫本五作一。

四一　《海潮會最》　庫本潮作說。

又　《正元飲略》　庫本與錢校引舊本，略均誤異。

四四　《孫子》　蕭吉　庫本及錢校引舊本，吉均誤古。

四六　《神機武略兵要望江南詞》至《韜珠秘訣》六書，其順序爲二、五、一、三、四。又□見管十卷餘　庫本作□見管子，按云：此五字有脫訛，無本可證。　琯按：據庫本按語，則見上脫兩個字。

四七　《鑒川漁子冷風詩》　庫本冷作吟。

五十　《靈開訣》　庫本開作闕，與錢校引《通志》同。

五十下　《太乙行軍六甲禳厭詩》　庫本在《太乙厭禳法》後。

五二　《廣記》　庫本作《太平廣記》。　錢侗按引《校讎略》，而庫本已引，錢氏也未言及，且刪去泛釋無義論一篇八字。又脫去「凡是類之書，皆可博採群書，以類分門。」十五字。

五三下　《麟角抄》　庫本無此條。

又　《書抄》　庫本作《北堂書抄》。

五四　《通典》　庫本此後有《續通典》二百卷一條。
又　《會要》三十卷　庫本三作四。
五四下　《唐會要》　庫本後有會要三十卷一條。　又此前集類條在《會要》後。
五五　《群書致類》　庫本致作數。
五六　《青口》十卷　庫本無此條。
五六下　《群書系蒙》　庫本蒙下有求字。
又　《十經韻對》　庫本無此條。
五九　《類要》　庫本作《國朝類要》。
五九下　《子談論》　庫本與錢校引《宋志》均作《諸子談論》。
六十　《廣略新書》　庫本與錢校引舊本略誤要。
六十下　《書判幽燭》　庫本判作列。
六三下　張邱建《算經》　庫本與錢校引《宋志》，邱均誤立。
六四　《五曹算經》一卷　庫本一作五，與錢校引《唐志、通志》及今本合。
六四下　《新集五曹時要術》　庫本與錢校引舊本，集均誤術。
六五　《明微算經》　庫本微誤徵。

六五下　《一位算法問答》　六六頁下《算法秘訣》條，庫本置此條後。
又　《龍受算法》　庫本受作爰。
六六下　《算法口訣》　庫本無法字。
六八下　《畫後品》　錢侗按：舊本品上多一畫字，今據諸家書目校刪。　庫本作《後畫品》，則應刪舊本上一畫字。
六九下　《葛法棋經》　庫本法作洪。
又　《金谷園九局譜》　庫本九下有曲字，與舊本同。
七三　《神醫普救》　庫本救下有方字，與宋志同。
七三下　《素問》　庫本素上有黃帝二字。
七四　《新詳定本草》　庫本此條後又有《本草》二十卷。
七五下　《鳳髓脈經機要》　庫木在《百會要訣脈經》後。
又　《延靈至寶診脈定生死三部要訣》　庫本靈作齡。
七六下　《延靈鈔》　庫本鈔上有寶字。
又　《太醫秘訣診脈侯生死》　庫本侯作候，同《通志》。　又死下有部字。
七七　《倉公訣生死秘要》　庫本生死作死生。

七七　《證病源》　庫本證上有論字。
七八　《臺要術》　庫本臺上有內字。
又　《□方》　錢侗按：舊闕一字，無本可證。　庫本作《集諸要方》。
七八下　《養性要錄》　錢侗按：舊本脫養字，今校增。　庫本養作藥。
七九　《金體治世集》　庫本金作今，同《通志》。
又　《新書病總要略》　錢侗按：《通志、宋志》作新集，舊本書字疑誤。　庫本書正作集。
七九下　醫書類二　共六十部計二百八十八卷　庫本二百作三百。
八十　《製藥法論》　次葉金鑒方，庫本在此條後。
八十下　《刪繁藥脈》三卷　庫本卷誤脈。
八一　《南海藥譜》　庫本海作源。
又　《廣正集靈寶方》　庫本在次頁《太和濟要方》前。
八一下　《炮炙論》　庫本炙作灸，下條同。
八二下　《昇元廣濟方》三卷　庫本三作二。
八三下　《兵部手集方》　庫本無方字。

八四　《劉涓子鬼遺方》　錢侗按：李軸。　庫本引作李頔。　又劉涓子下，庫本所引與錢本不同。

八四下　《秘要藥方》　庫本此後有：《王氏醫門集》二十卷、《集驗方》一卷。

又　《唐興集驗方》　庫本在《千金秘要備急方》後。

八十六下　醫書類三　共五十六部　庫本六作二。

又　《外臺秘要》　庫本秘作備。

八七　《醫家要妙》　庫本妙作抄。

八七下　《耆婁八十四問》　庫本婁作耆婆。　八九頁下《耆婁五臟論》同。

八八下　《五臟含鑒論》　庫本含作金，同《宋志》。

八九　《五色旁通五臟圖》　自此條下四書，庫本順序作四、二、三、一。

八九下　《萬全方》　庫本在《五臟要訣》後。

九十下　《北京要術》　次葉下《巾箱集、川玉集》二書，庫本置此條後。

九二下　《膳夫經手論》　庫本論作錄，同諸家書目。

又　《南中四時攝養論》　庫本與錢校引舊本，中均誤仲。

九四　《五癆論》　庫本癆作勞。

九五　《楚劉豹子眼》　庫本楚下有人字。
九八下　《奏問單方》　庫本奏作秦，《通志》同。
九九下　《神杭方》　庫本作《神枕方》。
一〇二下　《療一兒論》　庫本一作小。
又　《小兒五疳》二十四候論　庫本五作方。
一〇三　《小兒官氣集》　庫本官作管。
又　《孩孺明珠變蒸七疳方論》　庫本無疳字，舊本同。
一〇四下　《服火丹砂訣》　庫本服作伏。
一〇五　《修纂療癰疽要訣》　庫本修作備。

卷四

二　《周易統骨林》　庫本無此條。
四　《太清易經訣》　庫本太上有周易二字。
六　《占法易髓》　庫本占上有周易二字。
六下　《周易六神頌》　庫本此後有《周易火竅》一卷條。
又　《□術》　庫本作士術。

九下　《天文星經》　庫本有□□□以□□變，即弘景所見也。
十　《開元占經》　庫本開上有大唐二字。
又　此條後庫本有《元象應驗錄》二十卷。
十三　《雲氣□氣》　錢校以此條有闕誤，無本可證。　庫本作《雲氣測候賦》。
十六下　《新作曆經》　庫本作《新修曆經》。
十七　《文殊菩薩所說宿曜經》　庫本說作記。
十八　《七曜氣神曆》　庫本曆下有《代帝紀》三字。
十九　《淮南王見機八宅經》　庫本八作入。
二二　《選日陰陽目鑒》　庫本目作月。
二三　《太乙金鑒式經》　庫本乙作一，此下均同。
又　《太乙歌》　庫本下有：不著名氏，以太一書目爲歌詩。
又　《太乙秘歌》　庫本下有：不著名氏，以太一爲歌詩。
二四　《遁甲玉女返閑局法》　庫本閑作閉。
二五　《太乙佐秘珠》五卷　庫本作《太乙王佐秘珠》一卷。
二七　《太乙歌》　以太乙雜術　庫本雜上有爲字。

三十　五行類下　核實計五十二部。　琯按：實五十四部。

三十下　《人倫龜鑑》　庫本倫誤論。

三二　《五行地理經》　庫本行作音。

三二下　《五行山岡訣》　庫本作《五音山前訣》。

三四　《相錄歌》　庫本作《相祿歌》。

三六　《黃庭外景玉經訣》　庫本經作注　按云：《東觀餘論》云：《崇文總目》《黃庭經》，此特梁丘子注耳。《東觀餘論》又一條云：張萬福，唐人，有傳，總目云不知何代人。（按《東觀餘論》此條所稱張萬福者，其次第在《黃庭經》一條之下。今遍檢此本無之，姑附於此。）　琯按：錢本後《五等朝儀條》徵引。

三六　《太元眞一本際經》　庫本際作除。

又　《天眞皇人九仙經》　庫本按《晁志》：《天皇人爲皇帝說》，一行、羅公遠、葉法靜注，論水火龍虎造丹之術，《崇文》書也。

三六下　《太元金闕》……　庫本元作上。

三九　《三洞□□儀》　錢校云：舊本此條闕二字，無本可證。　庫本作《三洞修道儀》。

四一　《復淳化論》　庫本淳作郭。

四二　《玉清秘錄》　庫本此條作《玉清虛無經》一卷。

又　《五公子問虛无經》　庫本作《五公子問無虛道經》。

四二　《長生正義元門》　庫本門下有大論二字。

四三　《元眞子》　庫本此條後有《學道登眞論》二卷。

四四　《紫陽金碧經》　庫本金作論。

四五　《康眞人氣訣》　庫本康誤唐。

四五　《太上通元眞經》　庫本通元作元通。

四六　《神仙服食五牙炁眞經》　庫本無牙字。

四八　《黃老咽氣經》　庫本黃作王。

又　《眞誥銘》　庫本作《眞氣銘》。

五十　《善生集略》　庫本善作繕。

五一　《參同契心鑒》　庫本契作異。

五二下　《眞人□時修眞神丹歌》　錢校：舊本闕一字，無本可證。庫本作《眞人十二時修神神丹歌》。

五二　《道遙秘訣》　庫本訣作論。

五四下　《參同契合金丹行狀十六變通眞訣》　庫本無。
五六　《九洞練眞寶經》……　庫本九作太。
五七　《靈妙聖石玉露丹訣》　庫本妙作砂。
五八　《誦求五行圖》　庫本誦作訟。
又　《狐剛子粉圖》　庫本圖作圓。
五九　《密付金丹大還丹口訣》　庫本付作州。
六四　《還陽先生黃芽傳》　庫本生下有鉛字。
又　《太清論食硫黃經》　庫本食作石。
六五　《靈寶服食五芝晶經》　庫本晶作品。
六九　《青霞子神仙金銀論》　庫本霞作崖。
七一　《續仙傳》　錢校：舊本仙譌神，今據諸家書目校改。　琯按：庫本仙上有神字。
七三　《尹喜本行記》　庫本本作東。
七八　《金剛般若波羅密經讚誦》　庫本金上有譯義二字。
八十　《僧美》　庫本無此條，而於《壇經》前有《起言論》二卷。
八一下　《統略淨住子》　庫本淨作靜。

八二　《八漸通眞議》　庫本八作入。

八五　《禪門法印傳》　庫本印作師，同《通志》。

又　《傳大士心王傳語》　庫本士心作志，同錢校所據舊本。

八六下　《僧法琳別傳》　庫本脫琳字。

八八下　《破胡集》　庫本無此條。　琯按：錢本引《東觀餘論》所引此書之敘釋，則庫本誤脫。

卷五

二下　《兩廟讚文》　庫本作《兩朝贊文》。

七下　《諸田甲賦》　庫本田作家。

又　《類文賦集》　庫本文作史。

十三下　《元和唱和集》　庫本唱作繼。

十七下　《元子編》　庫本子下有文字。

十八下　《梁肅文集》二十卷　《宋志、通志》同。庫本肅誤蕭。

十九下　《邱說文集》　庫本邱誤仰，與錢據舊本同。

二二　《李翺文集》一卷　庫本一作十，同《唐志、陳錄》。

二三　《丹陽集》　庫本按引《東觀餘論》，館臣再按云：《崇文總目》各門中疑於重出者尚多，因無別本，不敢定其爲重出。惟此條是黃伯思已經糾正者，自此以外則未敢遽爲刪併爾。附識於此。

二五下　成文幹《梅嶺集》　庫本誤作盛文幹《梅頂集》。

又　《段金緯文集》　庫本金作全，同《宋志》。

二六　《譚正夫集》　庫本作譚正大文集，《宋志》作譚正夫文。

又　《鄭賓文集》　庫本作《鄭賓文集》，同錢據舊本。

二六下　《羅襄集》　庫本作羅衮集，同《通志、宋志》。

二七下　《續草集》　庫本作《續草堂集》。

又　《酈元集》　庫本元作炎，同錢引《東觀餘論》。

二八　《王仁裕乘輅集》　庫本輅作軺。

又　《王博文集》　庫本博作溥。

又　《薛居正集》二十卷　庫本二作三。

三十下　《徐果集》　庫本果作杲。

三五　《朱卜詩》　庫本卜作朴，同唐志。

三八 《曾鄴詩》 庫本曾作曹。

四十下 《韋靄詩》 庫本靄作謁。

四一 《姚部詩》 庫本部作合。

四三下 《數賦》 庫本作敬賦。

又 《魯史分門層賦》 庫本賦上有屬類二字。

四五下 《張味道詩》 庫本此條下有《邱光業詩》一卷。

四六 《季叔文詩》 庫本季作李。

五十下 《干旟制集》 庫本干作于。

又 《九鍊書》 庫本鍊作諫。

五一 《常莊諫疏集》 庫本常作韋。

五二 《問遺雜錄》 庫本遺作道。

五二下 《呂城後寓集》 庫本呂作昌。

五三下 《歛河集》 庫本歛作飲，同《通志》。

五四 《虢略》 庫本作虢略集。

二　四庫本得失

以上兩本互勘，共得五百多條，四庫本長於輯釋本的，佔其大半，庫本誤而錢本不誤的，僅十之二三。而從原本卷三十六（庫本卷七、輯釋本卷三）醫書三以後，兩輯本順序互異，幾難於董理，而又互有得失。當是《永樂大典》鈔錄時，有所變更，這一問題，需有專文討論。

四庫輯本雖在先，然而未曾刊行。近年雖經商務印書館景印，先列入四庫珍本別輯，後又影印全書。然而收入龐然巨帙，私人無從購藏。圖書館雖有，又多例不借出，仍不便於利用。

而錢輯本於成書後，多次刊行，所以流傳很廣。又因爲梁啓超等推許錢輯本，所以利用《崇文總目》，都想到錢輯本，而忽略了四庫輯本。然而四庫本就材料說，雖不如錢輯本多，不過在內容方面，也還有些地方可以補正錢輯本的缺失。錢輯本明言用四庫本勘其異同，事實上卻並未如此，很不可解。所以筆者加以校勘，好供利用《崇文總目》的人參考。

貳、錢侗等輯釋本

四庫輯本既然採錄不廣。嘉慶三年，嘉定錢氏再事搜輯，編成《崇文總目輯釋》五卷、補遺一卷、附錄一卷。四年己未（一七九九）錢侗撰有小序，記其經過：

> 以今觀之：《歐陽集》一百三卷，具錄經史子三部原敘，《文獻通考》多半採《總目》之文，獨集部全未稱引，子部又加略耳。餘如《玉海》各類，其述《崇文目》尤多。而《歐陽全集、南豐文集、東觀餘論、讀書志、書錄解題、通志校讎藝文二略、孟子疏、輿地碑目、雲谷雜記、困學紀聞、三家詩考、漢藝文志考證、宋史藝文志、陝西通志、經義考》諸書，暨宋元人叢書敘跋，間一及之，皆足以資考訂，亦不僅如朱杭二跋所云也。
>
> 侗家舊藏四明范氏天一閣鈔本，止載卷數，時或標注撰人。然惟經部十有一二，其餘不過因書名相仿，始加注以別之，此外別無所見，讀者病焉。
>
> 秦君照若，偶見是書，叱爲秘笈，欲受而付之梓人，因偕伯兄既勤、仲兄以成、金秬和姊倩，凡五人，區類搜採。其引見古今載籍者，輟而綴之，猶錫鬯之志也。讎校方半，又屬友人于文淵閣中借鈔四庫館新定之本，互勘異同。總得原敘三十篇、原釋九百八十條、引證四百二十條。或原釋無從考見，乃爲博稽史志，補釋撰人。其中標卷參差，稱名錯雜，以暨闕漏之字，譌舛之文，傳諸來茲，易滋疑義。則仿

趙君錫考異、隨齋批注、王伯厚考證之例，間為一二商榷語。而陳君令華亦時與參校其間，所益益夥矣。至原本書共三千四百四十五部、三萬六百六十九卷，較諸今本，多寡懸殊。蓋七百餘年來輾轉傳鈔，未免脫佚。故有群書所引而今無其目者，侗又別為補遺，附著卷後。

凡閱半載而事竣，命曰輯釋，釐卷以五：經部為伯兄輯，史部為仲兄輯、子部下為秬和輯、集部為照若輯、其子部之上則侗所輯也。

以上所記，頗為詳備，不過還漏了一項。便是原本每卷開頭，都有共多少部計多少卷。輯釋則又引證《崇文總目》所載，明其異同。並再就今本所收各書，核計其部、卷總數，加以比較。這一工作，頗為瑣細，可是很有用。因特為表出。

梁啓超說：「今錢輯所采佚文既加增，考證亦更精審。倘朱氏結一廬本不足信或已佚者，則錢輯固當為此書第一善本矣。」

小引中所記的陳令華名詩庭、伯兄名東垣、仲兄名繹、秬和名錫鬯，姓金。六人分工合作，可說是家庭作業，實是目錄學史上的一段佳話。禮類謚法後，有嚴昉案語。當是如邵氏四庫標注例，請由友人校訂時所加。小引未提及，今也表出，以不沒其善。

一、輯釋本的得失

趙士煒撰《中興館閣書目輯考》，頗參考《崇文總目》，其在民國二十一年四月所撰自序中說：「乾隆中葉，四庫館臣自《永樂大典》輯出《崇文總目》，經十得二三。……嘉慶初，嘉定錢氏，合昆季戚友之力，別爲新製，採集益廣，所得尤多。雖偶有舛訛，無妨大體。」僅在推崇中稍有微詞。

到三個多月後成書時所撰的後序中，說所採的《崇文總目輯釋》，用後知不足齋本，註云：「曾校過。」當是在撰輯考的過程中，發現了錢輯本的缺失，所以順便校過。不過後序末署「時錢氏輯成《崇文總目》後之百三十有三年」。對錢輯本還是頗爲推重。

可是同一年七月，趙氏在《宋國史藝文志輯本・自序》中則說：「《崇文總目》雖有輯本，惜考核不精。《中興》並輯本亦無，余乃從事網輯纂錄成書。《崇文》亦重加校訂。」

錢氏合六人之力，歷時半年，引用參考了二十多種書，輯成的《崇文總目輯釋》。趙氏一個人在三四個月中，便對輯釋由「偶有舛譌，無妨大體。」而感到「考覈不精」，順便「重加校訂」。

可惜趙氏未能對崇文總目也詳加輯考，連他「校過」、「重加校訂」的本子，也無從看到。

而陳漢章對錢輯本也曾加以校訂，且有成書，收入其自撰的《綴學堂叢稿初集》，民國二十五年印行。這部叢稿未見，收入《叢書綜錄》。叢稿共收書九種，都是史部方面的，可知陳氏研究史學，想見他這部《崇文總目輯釋補正》四卷應很精審，希望能有書局找到印出來。不過錢氏的輯釋本因子部較多，所以分爲兩卷，陳氏補正共四卷，當是把子部併成一卷，那麼可以想見補正的地方不會多，而輯釋本失誤的地方則很多。

今僅就崇文總目輯釋，論其闕失。

一、體例方面

1.所據底本中，闌入晚出的引證文字，未加以說明。

2.按語有出自四庫輯本的，未加說明。

3.各書下簡目注有闕字，四庫本用小字逕行記在各條之末的左側，當是原式。輯釋本則在各條之下，用大字標「原釋闕」三字，再用雙行小字在下面注「見天一閣鈔本」六字。不僅增加冗字，亂人視線。而且這祇是簡本所注，不能算是「原釋」。又輯釋本在所採《通考、玉海》等書徵引的敘釋原文之上，也都分別冠以「原釋」二字，和簡目所注的「闕」字，處理起來完全相同，一無分別。在體例上實在繁瑣而不明白。

二、引證錯誤　昌瑞卿先生檢示：史部徐鉉《吳錄》，見《宋志》，而輯釋按引《唐志》張勃《吳錄》，不知並非一書，係書名偶同。子部浮丘公《相鶴經》，按引《舊唐志》作乂伯鑾撰。然《舊志》載伯鑾所撰實爲《相馬經》。其他如：

三、斷章取義　孝經類《孝經鄭康成注》條，引《通考》原釋。「五代兵興，中原久佚其書，咸平中日本僧以此書來獻，議藏秘府。」　琯按：《陳錄》云：「按《三朝志》：五代以來，孔、鄭注皆亡。周顯德中，新羅獻別序《孝經》，即鄭注者。而《崇文總目》以爲咸平中日本僧奝然所獻。未詳孰是。」錢東垣按語僅節取崇文……所獻等十六字；以補日本僧名，而刪去新羅也獻過之記錄，和末句的疑詞。

又易類《周易》十卷，王弼注條。錢東垣按引：「《隋志、釋文敘錄》並六卷。」　琯按：隋志云：「《周易》十卷，王弼注六十四卦六卷，韓康伯注繫辭以下三卷，王弼又撰《易略例》一卷。」《釋文、兩唐志、宋志》等卷目俱同。《崇文總目》也當如此。錢氏所按，則係斷章取義。

四、論斷錯誤。如《春秋類春秋述議》一卷，本四十篇，今三十九篇亡。東垣按：「舊本譌作義，今校改。《通考》作述議傳，《唐志》三十七卷。」　琯按：《隋志》有《春秋左氏傳述義》四十卷，姚振宗《隋志考證》以爲作義字近古，不當據後來傳本改。而《兩唐志、宋志》均已作議。又《宋志》僅一卷，亦同《崇文總目》，也失於按引。

五、按引資料不足。如前條失引宋志，又如：小學類《小爾雅》條，錢輯本陳詩庭按云：「《文選注》皆作小雅。」　琯按：《漢志》：《小雅》一卷。　宋祁校曰：「小字下邵本有爾字。」可知陳氏引《文選注》以證一名小雅，不如《漢志》早。而《漢志》有的本子作《小爾雅》，可證這一書名由來已久，不從《崇文總目》開始。

六、按語不明。如編年類《王氏五位圖》三卷條，輯引《玉海・藝文》類原釋：「自開闢至唐，以五運爲敘。」而錢繹按云：「《玉海》引《崇文目》同，《隋志、唐志、通志略》並十卷，《宋志》作《五運圖》一卷。」　琯按：錢氏按語所引《玉海》，當是指書名卷數與《崇文目》簡本同，不過文字上不夠明白，且易和輯引原釋之《玉海》相混。

輯釋也有精審的地方，如：

以錢輯本和四庫本做一比較：

	四庫本	秦輯本	增加
原敘	二七篇	三一篇	七分之一強
原釋	二一七條	九八〇條	四倍半強
引證	二一條	四二〇條	二十倍

可見錢東垣等用力之勤。梁啓超說：「錢輯所採佚文既加增，考證亦更精審。倘朱氏結一廬本不足信或已佚者，則錢輯固當爲此書第一善本矣。」可說是並非虛譽。

春秋類《春秋繁露》條，錢東垣按引歐陽永叔〈書春秋繁露後〉，出於《歐陽修全集》。而《四庫提要，姚振宗隋志考證》，都未能引用。

又小學類《廣雅音》，曹憲撰。錢東垣按：「隋志四卷。」補遺部分有錢侗按云：「四庫館新定本引永樂大典云：「宋志張揖《廣雅音》三卷，《崇文目》同。」今本一卷，伯兄據諸家書目釋作曹憲撰。侗考揖撰《廣雅》，本未作音，故史志亦止有曹憲書。疑《宋志》偶誤，而《大典》承之。」　瑄按：《四庫提要》也云《廣雅》魏張揖撰，隋曹憲爲之音釋。

二、輯釋本的傳本

錢輯本傳本很多，計有

清嘉慶四年嘉定秦鑑刻汗筠齋叢書本（後改名蘭芬齋叢書）

清咸豐三年南海伍崇曜刻粵雅堂叢書本

近年商務印書館編印《叢書集成、國學基本叢書、萬有文庫》，廣文書局編印《書目續編》，所收《崇文總目》，都據粵雅堂本重印。

清光緒八年常熟鮑廷爵刻後知不足齋叢書本

三、輯釋本補正

趙士煒的校正，既未成書，陳漢章的補正，也流傳不廣。今試加補正，以作校理《崇文總目》的參考。

易類

《周易》十卷　王弼注

東垣按：《隋志、釋文敘錄》並六卷。

今按：《隋志》：《周易》十卷，弼注，六十四卦六卷，韓康伯注〈繫辭〉以下三卷王弼又撰《易略例》一卷。《釋文、兩唐志、宋志》等卷目俱同。《崇文總目》亦當如此。東垣按引，不無斷章取義。

《周易傳》十卷　此書篇第略依王氏，決非卜子夏之文。又其言近而不篤，然學者尚異，頗傳習之。

東垣按：晁以道《傳易堂記》云：今號爲子夏傳者，《崇文目》亦斥其非是，而不知其所作之人，予知其爲唐之張弧之易也。又《經義考》：呂祖謙曰：《崇文總目》

剟去子夏名以祛誤惑，最爲有理，今本十一卷。

今按：王弼割裂經傳，子夏自不能採用，以道之說爲《郡齋讀書志》所採用。

禮類

《江都集禮》一百四卷　隋諸儒撰，潘徽爲之敘，凡一百二十卷；今亡闕，僅存一百四卷。

今按：《唐志》一百二十卷，潘徽撰。

《謚例》十卷　宋沈約撰。

今按：東垣案引《玉海》一則。姚振宗《隋志考證》按引三則，各不相同。足見《玉海》取材繁富，各家取捨不易，而皆能各適其用。

《謚法》四卷　梁賀琛撰

嚴昉云：《讀書志》作《沈賀謚》法，云沈約撰，賀瑒增。

今按：《隋志》作賀瑒撰，五卷。《唐志》三卷。又按：嚴昉之名，不見錢侗小引，當是在輯釋刊行前得見而加按語，爲數不多，然頗能就錢氏等所輯，拾遺補闕，有功於總目。

春秋類

《春秋外傳國語》二十一卷　自所發正者，三百十事。

東垣按：《隋志》二十二卷。

今按：自序三百七事。《唐宋志》均二十一卷。

《春秋繁露》十七卷

東垣按：歐陽永叔〈書春秋繁露後〉云云。

今按：歐陽修既編《崇文總目》，則其書後最可相互參證。四庫全書輯本、姚振宗《隋志考證》未能引用，可說失於眉睫之前。

《春秋決事比》十卷　吳太史令吳、汝南丁季、江夏黃復，平正得失。

東垣按：《漢志》作《公羊治獄》。《隋志、宋志》並作《春秋決事》。《兩唐志》並作《春秋決獄》。陳詩庭云：《七錄》又作《春秋斷獄》。

今按：汝南上當空一字。丁季一作丁孚。又按：《日本國見在書目》作《春秋斷獄事》。

《左氏膏肓》九卷

東垣按：《隋志》十卷。

今按：《唐志、宋志、陳錄》十卷，《晁志》九卷。

《春秋述議》一卷　本四十篇，今三十九篇亡。

東垣按：舊本譌作義，今校改。《通考》作《述議傳》，《唐志》三十七卷。

今按：《隋志·春秋左氏傳述義》四十卷，舊本作義近古，不必改。《兩唐、宋志》均作議，《唐志》三十七卷，《宋志》一卷。

孝經類

《孝經》一卷 鄭康成注。五代兵興，中原久佚其書，咸平中，日本僧以此書來獻，議藏祕府。

東垣按：《書錄解題》云：《孝經》注，《崇文總目》以爲咸平中日本僧所獻。

今按：東垣所引《陳錄》，前有「按《三朝志》：五代以來，孔鄭注皆亡，周顯德中，新羅獻《別序孝經》，即鄭注者。」末有「未詳孰是。」錢氏斷章取義，改疑詞爲肯定，和引書之原則未合。

論語類

《五經鈎沈》五卷 楊茅撰，今缺五篇。

東垣按：《舊唐志》作鈎深，楊芳原譌作王芳，今校改。

今按：《隋志、唐志》，《玉海》引《中興書目》並作十卷。又《隋志》等及《宋志》俱作楊芳。

小學類

《爾雅》三卷

今按：當即晉郭璞注。

《小爾雅》一卷　孔鮒撰

陳詩庭云：《文選注》皆作小雅。

今按：《漢志》：《小雅》一卷，宋祁曰：小字下邵本有爾字。陳詩庭所按引，既未能得其原，又未能得其正。

《方言》十三卷

今按：《隋志、唐志、晁志》同。《宋志、陳錄》作十四卷。

《釋名》八卷

東垣按：今本四卷。

今按：《隋志、唐志、四庫總目》均八卷。

《廣雅音》一卷　曹憲撰

東垣按：《隋志》四卷。

補遺部分有侗按：四庫館新定本引《永樂大典》云：宋志張揖《廣雅音》三卷，《崇文總目》同。今本一卷，伯兄據諸家書目釋作曹憲撰。侗考憲撰《廣雅》，本未作音，故史志亦止有曹憲書。疑《宋志》偶誤，而大典承之。

今按：可見四庫館臣之疏失，亦可證錢氏兄弟精審不苟。

《正俗音字》四卷　顏之推撰。正時俗文字之謬，援諸書爲據，凡三十五目。

東垣按：正應作證，《遂初堂書目》亦誤作正。

今按：《隋志》作《證俗音字略》六卷，《宋志》作《證俗音字》四卷，《兩唐志》均以爲之推子愍楚撰。舊志作二卷，新志作一卷，《通志》同《新唐志》，而別有《證俗音》三卷，張推撰。張推似是顏之推的脫誤。又按：據《崇文總目》敘釋，書名證作正，未必有誤。

正史類

《漢書》一百卷

繹按：今本一百二十卷

今按：《隋志、唐志》一百一十卷，《唐志》又顏師古注一百二十卷，《宋志》一百卷。

編年類

《漢春秋》一百卷　胡旦撰

《漢春秋問答》一卷　胡旦與門人撰

今按：《宋志》著錄、問答亦云胡旦撰，不云「與門人撰。《玉海》卷四七《天聖漢春秋》條：「胡旦先撰《漢春秋》一百卷。」

《三國典略》三十卷　邱悅撰

繹按：《通志略、宋志》並二十卷。

今按：《宋志》作丘悅。《新唐志、通志》並作二十卷，丘悅撰。錢輯本所引原釋係據《通考》，《玉海》引《中興書目》丘悅撰下作「自元魏分而爲東西，西魏都關中，後周因之；東魏都鄴，北齊因之。梁陳則皆都江左。悅之書首標西魏而敘宇文泰。」與《通考》不同。可參考。

《唐曆》四十卷　柳芳撰

繹按：《玉海》引《崇文目》同。

今按：《新唐志、通志、晁志、陳錄》並同。《史略》論編撰事頗詳。

《唐統紀》一百卷　陳嶽撰

繹按：《玉海》引《崇文目》同。

今按：《新唐志、宋志》，《玉海》引《中興書目》併同。《陳錄》存四十卷，知宋末已殘缺不全。

《古今通要》四卷　苗台符撰

今按：《新唐志、通志、宋志》并同。《玉海》引《中興館閣書目》不記卷數。

《王氏五位圖》三卷　王起撰

繹按：《玉海》引《崇文目》同。《隋志、唐志、通志》並十卷。《宋志》作《五運圖》一卷。

今按：錢輯本所引原釋係出《玉海》。錢繹按又有「《玉海》引《崇文目》同。」不應再云《玉海》引。

《古今類聚年號圖》一卷　杜光庭撰

繹按：舊本號譌作貌。今校改。

今按：《宋志，玉海》引書目均不誤。

實錄類

《唐高祖實錄》二十卷　敬播撰　房玄齡監修　許敬宗刪改

今按：《新唐志、陳錄》并同。《宋志》作許敬宗、房玄齡撰。《晁志》作房玄齡、許敬宗敬播同脩。《舊唐志》作房玄齡撰。

《唐高宗後修實錄》三十卷　令狐德棻撰　劉知幾、吳競續成今按：《舊唐志》作《高宗實錄》三十卷許敬宗撰。《新唐志》作許敬宗《皇帝實錄》三十卷。《陳錄》存十九卷。《宋志》作「復」修。

《唐則天實錄》二十卷　魏元忠等撰　劉知幾、吳兢刪正。

今按：《新唐志》作《則天皇后實錄》二十卷，魏元忠等九家撰。《晁志》同。《宋志》作《唐武后實錄》二十卷，劉知幾、吳兢等撰。

《睿宗實錄五卷》　吳兢撰

繹按：《讀書後志、通考》並十卷。《書錄解題》同，云《館閣書目》亦別有五卷者。《讀書志、宋志》並作劉知幾、吳兢撰。

今按：《新唐志》著錄二條，一爲劉知幾《太上皇實錄》十卷，一爲吳兢《睿宗實錄》五卷。《宋志》合作一條：《唐睿宋實錄》十卷又五卷唐劉知幾、吳兢等撰。

《明皇實錄》一百卷　令狐峘撰　元載監修

今按：《晁志、陳錄、新唐志、宋志》並同。唯《宋志》作唐玄宗。又《新唐志》另有四十七卷本不著撰人。今按《玉海》《唐玄宗實錄》條引《集賢注記》知係張說所撰。

《肅宗實錄》三十卷　元載監修

繹按：《通考》二十卷。

今按：《新唐志、宋志、晁志、陳錄》並同。

《代宗實錄》四十卷　令狐峘撰

今按：《新唐志、宋志、晁志、陳錄》並同。

《建中實錄》十卷　原繹：唐史館修撰沈既擠撰……見《文獻通考》

繹按：《玉海》引《崇文目》同。《宋志》十五卷。

《德宗實錄》五十卷

繹按：《玉海》云：《德宗實錄》五十卷。蔣乂、樊紳、林寶、韋處厚、獨孤郁撰。裴垍監修。《崇文目》同。

今按：《新唐志》同。《宋志、晁志、陳錄》作裴垍等撰。

《梁太祖實錄》一卷　郄象等撰

繹按：舊本太祖譌作太宗。今校改。諸家書目並三十卷。

今按：《宋志》作二十卷。高似孫《史略》作三十卷。

《後唐明宗實錄》三十卷　姚顗等撰

今按：《宋志、陳錄》并同。

《後唐廢帝實錄》十七卷　張昭等撰

繹按：《東都事略》本傳，昭舊名昭遠，避漢帝諱，止稱昭。

今按：《宋志、陳錄》並止作張昭。

《周世宗實錄》四十卷　王溥等撰。

今按：《宋志》作四十四卷

雜史類

《吳越春秋》十卷

繹按：《隋志、唐志、讀書志》，並十二卷。

今按：《隋志》等均作趙曄撰，《崇文目》當係脫去。《宋志》別史類作十卷。

《吳越春秋傳》十卷　唐皇甫遵注

今按：《兩唐志》同《隋志》作《吳越春秋》，《宋志》別史類同。

《高氏小史》一百十卷　高峻及子迥撰。

繹按：《唐志、讀書後志》並一百二十卷。《書錄解題》一百三十卷，引《國史志》凡一百九卷、目錄一卷，《中興書目》一百二十卷，今本多十卷。《東觀餘論》校正《崇文總目》云：《高氏小史》名峻，一作崚。

今按：高似孫《史略》作一百卷，《宋志》作《小史》百十卷，此書本六十卷，析爲百二十卷，其他多非足本。《陳錄》作百三十卷，或有附益。

《金陵樞要》一卷　王豹撰

今按：《宋志》同。

《吳書實錄》三卷　李清臣撰

今按：《宋志、通志》並作不著撰人。

《六朝采要》十卷　趙氏（失名）撰。《通志略》不著撰人。

今按：《宋志》同，惟采與《通志》並作採。

《史雋》十卷　鄭暐撰

繹按：《困學紀聞考史》云：《崇文總目》，《史雋》十卷、《漢雋》之名本于此。

今按：《宋志》同。

《十三代史選》五十卷

繹按：《宋志》：不知作者。又重出一部三十卷，亦不著撰人。

今按：《通志》云：「敘史記、前後漢……後周、隋十三家史。」

《隋平陳記》一卷　稱臣悅撰《宋志》、不著撰人今按：《宋志》入傳記類。《通志》云：「稱臣悅，亡其姓。」實採《崇文目》。

《大業略記》三卷　趙毅撰

今按：《兩唐志》入僞史類、《通志、宋志、雜史類》並同。

《隋季革命記》五卷　杜儒童撰

今按：《通志》云：「記大業之亂。」《宋志》入傳記類。

《劉氏行年紀》十卷　劉仁軌撰

繹按：《唐志》二十卷。

今按：《晁志》編年類、《宋志》傳記類並作《河洛行年紀》。《陳錄》雜史類作《行在河洛紀》。

《唐太宗勳史》一卷　吳競撰

繹按：《玉海》引《崇文目》同。

今按：《通志》雜史、《宋志》傳記並同。

《唐書備闕記》十卷　吳競撰

今按：《新唐志、通志雜史、宋志》傳記並同。《通志》云：「起太宗至明皇。」

《天寶亂離西幸記》一卷　溫畬撰

繹按：《宋志》無西幸二字。溫畬撰。注云：畬一作畲。

今按：《新唐志》同《崇文目》。

《河洛春秋》二卷　包諝撰

今按：《通志、陳錄》雜史、《宋志》別史並同。《通志》云：「起祿山叛，訖史朝義敗。」

《邠志》一卷　凌準撰

繹按：《唐志、宋志》並二卷。《書錄解題、通考》並三卷。

今按：《通志》一卷。《宋志》又重出一部作三卷。

《奉天記》一卷　原釋徐岱

繹按：《宋志》作賀楚撰。

今按：《新唐志、通志》並同。宋志有二，一爲錢繹所按引之賀楚撰，一爲徐岱撰。

《德宗幸奉天錄》一卷　原釋崔光廷。

繹按：《唐志》作光庭。《宋志》作庭光。

今按：《通志》作光庭。

《興元聖功錄》三卷　袁皓撰

繹按：《宋志》不著卷數。

今按：《新唐志》同又有無撰人《功臣錄》三十卷。《宋志》書名聖功錄下多功臣錄三字，作三十卷。《總目》雜史類又有袁皓《功臣錄》三十卷。《宋志》誤合二書爲一，或聖功錄下脫三卷二字。

《燕南記》三卷　谷況撰

今按：《新唐志、通志、陳錄、宋志》並同。《通志》云：「以建中時河朔叛，惟易定張孝忠不從。」

《平蔡錄》一卷　鄭澥撰

繹按：《唐志、宋志》上有涼國公三字。

今按：《通志》同。《陳錄》上有涼國公三字。《通志》云：「記李愬平吳元濟事。」

《平淮西記》一卷　路隋撰

今按：《新唐志、通志、宋志》同。《通志》云：「記吳元濟始末事。」

《河南記》一卷　薛圖存撰

繹按：《宋志》二卷、薛國存撰。

今按：《新唐志》同注：「李師道事。」

《太和辨謗錄》三卷　原釋：李德裕等撰。憲宗時命傅師楚等撰《元和辨謗錄》十卷。太和中德裕以其文繁，刪爲三卷……。

繹按：舊本太和譌作元和，今據《玉海》所引及《宋志》校改。《書錄解題》錄作略。傅師楚作令狐楚。《讀書志》亦作略。

今按：《新唐志》作裴潾《太和新脩辨謗略》三卷。《玉海》引《中興書目》亦作裴潾撰。《宋志》別史類重出書名作者同《新唐志》；傳記類同《崇文總目》。

《太和摧兇記一卷》　諸家書目並不著撰人。

繹按：《書錄解題．太和野史》三卷云：不著名氏。又《太和摧凶記》一卷云。文與上同而不分卷。

今按：《新唐志、通志、宋志》並同。《通志》云：「記太和甘露事，誅鄭注等，作十八傳。」

《乙卯記》一卷　李潛用撰

今按：《新唐志、通志、陳錄、宋志》並同。通志云：「記太和乙卯歲李訓等甘露事。」

《開成紀事》三卷　諸家書目不著撰人。《宋志》楊時撰。

今按：《新唐志、宋志》並二卷。《通志》作三卷，云「記太和甘露事。」

《唐錄備闕》十五卷　歐陽炳撰

繹按：《宋志》作歐陽迥。注云：一作炳。

今按：《通志》同，云：「記武宗、僖宗中和初事。」

《會昌伐叛記》一卷　李德裕撰。

今按：《新唐志、通志、陳錄、宋志》並同。《陳錄》云：「記平澤潞事。」

《續正陵遺事》一卷　柳玭撰

今按：《宋志》正作貞。

《平剡錄》一卷　鄭言撰

今按：《新唐志、通志、宋志》并同。《通志》云：「記太和末擒越盜裘甫，平剡縣。」

《彭門紀亂》三卷　鄭樵撰

嚴昉云：此鄭樵唐人，非宋右迪功郎鄭樵也。

今按：《新唐志、通志、宋志》並同。《通志》云：「記懿宗朝徐州龐勛叛。」又按：嚴昉當係錢氏友人，書成而加按語。

《咸通解圍錄》一卷　張雲撰

繹按：《書錄解題、通考、宋志》咸通下並有庚寅二字。

今按：《新唐志、通志》同《崇文》，《通志》云：「記咸通中雲南蠻寇成都。」

《唐錄政要》十二卷　林璠撰

繹按：《玉海》引《崇文目》同。

今按：《新唐志》作凌璠。《通志》作袁璠。《宋志》作凌瑠十三卷，《玉海》引《書目》亦十三卷。《通志》云：「自獻祖迄僖宗。」

《廣陵妖亂志》三卷　郭廷誨撰

繹按：《宋志》無廣陵二字。《書錄解題》郭廷海作鄭延海。

今按：《新唐志、通志》並同。《陳錄》云：「高駢、呂用之、畢師鐸等事。」

《雲南事狀》一卷　諸家書目並不著撰人。

今按：《宋志、通志》同。《通志》云：「記唐末群臣奏議招輯雲南蠻事。」

《會稽錄》一卷　諸家書目並不著撰人。

繹按：《唐志》上有乾寧二字。《宋志》作《乾明會稽錄》。注云：明一作寧。

今按：《通志》云：「記唐末越州董昌叛。」

《汴水滔天錄》一卷　王振撰。

繹按：《通考》作王搌。傳寫之譌。

今按：《新唐志、通志、陳錄、宋志》並同。陳氏云：「言朱溫簒逆事。」

《莊宗召禍記》一卷　黃彬撰

繹按：《通考》上有後唐二字。

今按：《通志、陳錄、宋志》並同《總目》。

《晉朝陷番記》四卷　范質等撰

繹按：《遂初堂書目、讀書後志》並作《石晉陷番記》。《宋志》一卷，云不知作者。《書錄解題》云：質本傳不載，故《館閣書目》云不知作者。

今按：《通志》著錄二條，一同，一無晉朝二字。陳錄「木傳」上有「范質撰，據莆田鄭氏書目云爾。」「作者」下文有「未悉鄭氏何所據也。」

《三朝革命錄》三卷　徐廙撰

今按：《通志、宋志》並同。《通志》云：「載隋唐事，盡於天祐禪梁。」

《入洛私記》十卷　江文秉撰

今按：《通志、補五代史志》同。《宋志》「入」作「都」。《通志》云：「記同光至顯德事。」

《補國史》六卷　林恩撰

繹按：《玉海》引《崇文目》同。

今按：《新唐志》十卷。《宋志》五卷。《通志》作林愼思撰。

《唐補記》三卷　程匡柔撰。

繹按：《玉海》引《崇文目》記作紀，卷同。《書錄解題》馬令《南唐書》並作程匡柔。《宋志》作《唐補注記》十三卷。程光榮撰。注云：榮一作柔，蓋因避諱，改匡爲光。

今按：《通志》二卷、程柔撰。《宋志》實作三卷。

《史系》二十卷　賈緯撰

今按：《通志、宋志》並不著撰人。《通志》云：「自會昌至光啓時事，有禮樂、刑法、……儒林、隱逸傳。」

《唐朝綱領圖》一卷　南卓撰

繹按：《玉海》引《崇文目》同。《宋志》五卷。

今按：《新唐志、通志》並同。《宋志》兩見，別史類作五卷，故事類作綱領一卷。

《唐聖運圖》二卷　薛璠撰

繹按：《玉海》引《崇文目》同。

今按：《新唐志、通志》同。《宋志》作《大唐聖運圖略》三卷，薛黨撰。《通志》云：「起高祖，訖武宗。」

《功臣錄》三十卷　袁皓撰

今按：參見前《興元聖功錄》條。

《後史補》三卷　高若拙

繹按：《玉海》引《崇文目》同。《宋志》二卷。

今按：《通志》云：周高若拙雜記唐及五代史。

《賈緯備史》六卷

繹按：《玉海》引《崇文目》同。

今按：《陳錄》作《賈氏備史》。《宋志》作備史。陳氏云：「敘石晉禍亂，每一事為一詩系之。」

《續皇王寶運錄》十卷　韋昭度撰

繹按：《玉海》引《崇文目》同。陳詩庭云：《玉海》作楊涉撰、韋莊箋。

今按：《宋志》同《總目》，《新唐志》楊涉同撰。

《史略》三卷　杜僖撰

繹按：《唐志》三十卷。

今按：《宋志》不著撰人。

《十二國史》四卷　孫昱撰

繹按：《宋志》十二卷。

今按：《通志》不著撰人，四卷。

今按：《宋志》同，《通志》不著撰人。

《三史菁英》三十卷　周護撰

今按：《宋志》題薛儆撰。

《晉書金穴鈔》十卷

今按：《通志、宋志》題楊九齡撰。

《正史雜論》十卷

如仿姚振宗《隋書經籍志考證》的方式，所得必可觀。不過這就遠超出輯釋的範圍之外，更不是本書所能做到的，而有待好學之士。以《崇文總目》的重要性，這是很值得做的工作。

第三章　崇文總目與新唐志宋志的比較

《崇文》是就宋仁宗時崇文院的藏書所編成的，而參與編撰的，都是一時之選的績學之士專任其事，經他們目睹手驗而編成。至於唐宋兩志，則是依據多種官修書目，彙編而成，遇有疑問，無從找原書取證。利用的是轉手的資料，就這一角度看，《崇文》所著錄的資料，可信度要比《唐、宋志》爲高。不過崇文院受榮王宮火災波及後，原儲祕書，焚燬殆盡。後來重建，從他處撥來，或者鈔繕，未必能從容校理。纂修官員的陣容雖是上選，官修的書向來是敷衍其事的多。又《崇文》修成後，似未曾刊行，而以鈔本流傳。傳鈔的書，內容便不很固定，常有些存心或無意的改動。到了南宋，六十卷的原本散佚，而以一卷本的簡目流傳。到了清乾嘉間，才有四庫和錢氏兩個輯本，錢本後來居上，傳本遠多於庫本，《崇文》才便於利用。可是這兩個輯本都不夠完善。而史志是正史的一部分，刊本頗多，校刊也比較愼重，所以發生錯誤的機會便較少。相形之下，《崇文》的優越性也並不很高。今就《唐・宋志》各抽取其中一部分，與《崇文》做一比較，並加以分析。

壹、與新唐志比較

孫映逵撰《唐才子傳校注》，附有〈詩人別集綜錄〉，引用宋元書目五種：《崇文、唐志、晁志、陳錄、宋志》，明清及現代重要書目十三種，今存的總集與叢書六種。《綜錄》共收列入《唐才子傳》的二百七十八位詩人的別集或詩篇傳存情形，歷代重要書目著錄的別集與卷數也載入。附記幾種總集和叢書有傳本的情形。無傳本的，附記《全唐詩》收錄的篇數。

凡以作者姓名爲集名時，即略去姓名，如《杜審言集》三卷記作集3，《宋之問詩》一卷記作詩1。

今就《綜錄》再加摘錄，列爲一表。每人所摘資料以表中王績爲例，說明如下：

1.爲王績在《唐才子傳》中的編號，其集在《崇文總目》中名爲《東皐子》，二卷。《新唐志》名爲《王績集》，五卷。《宋志》著錄與《唐志》同。今有《四部叢刊》本《東皐子》三卷。

〈綜錄〉所記宋元書目，全行錄入。明以後書目部分，如今有傳本則從略，否則僅記其所載之本較爲完整而近原本者一兩家，且以近世收藏爲主。至於傳本，與明以後書目的例子相近，而皆不求完備。

所記書目等名稱，各以一個字做簡名，列表對照於下：

文　《崇文總目》

唐　《新唐書・藝文志》

宋　《宋史・藝文志》

晁　《郡齋讀書志》

陳　《直齋書錄解題》

錢　《述古堂書目》

黃　《蕘圃藏書題識》

瞿　《鐵琴銅劍樓藏書目錄》

陸　《皕宋樓藏書志》

丁　《善本書室藏書志》

繆　《藝風藏書記》

張　《適園藏書志》
鄧　《群碧樓善本書目》
傅　《雙鑑樓善本書目》
活　《唐五十家詩集》　彙集影印明九行十七字銅活字本
百　《唐詩百名家全集》　清席啓寓編刊
庫　《四庫全書》
刊　《四部叢刊》
備　《四部備要》
全　《全唐詩》

表分甲乙兩種，甲表係《崇文總目》著錄，未著錄的入乙表。爲省篇幅，表中書名，概不加符號。

一、甲表　《崇文總目》著錄之唐詩人別集

崇文	唐	宋	晁	陳	傳本
一　王績　東皐子2	集5	唐	5	晁	刊3
三　王勃　文集30	集30	唐	集20		庫、刊16
四　楊烱　盈川集20	30	集20	=		刊10　宋又拾遺4
五　盧照鄰　集10	20	=	10	=	晁幽憂子集10　刊7
幽憂子3	=	=			
六　駱賓王　集10	=	=	=	=	刊文集10
百道判集1	=	2			
八　沈佺期　集10	=	=	5	=	傳詩集7
九　宋之問　集10	=	=	=	=	瞿2
一〇　劉希夷　詩集4	=	詩4			唐又集10　全35
一一　陳子昂　集10	=	=	=	=	陳陳拾遺集　瞿陸文集
					10
一三　李嶠　雜咏詩12	=	詩10			丁陸2
	集50	新咏1	1		丁集3
一六　吳筠　集5	10	11		10	庫宗玄集3

一九 孫逖 集20	=	=			活1
三一 王昌齡 詩1	集5	集10	6	集1	丁3 活2
三六 王維 文集10	集10	唐	唐	10	陳王右丞集 瞿陸=
三九 李季蘭 詩1		詩集1		集1	庫薛濤李冶集2
四三 孟浩然 詩3	詩集3	=	1	3	陳孟襄陽集 庫集4
四五 李白 別集10	20	集30	20	30	唐草堂集 晁陳李翰林集 刊30
四六 杜甫 集20	16 小集6	詩20 6 外集1	= 1	20	陳杜工部集 陳集外詩
四八 高適 文集10	集20	詩集12	集10	10	陳庫高常侍集 晁又集外文別詩1
五一 岑參 集10	=	=	=	8	陳活岑嘉州集
五三 賀知章 入道表1		=			全19
五七 李嘉祐 詩1	=	=	2	集1	活集2
五八 賈至 文集10	集20 別集15	集10 詩1	集10	10	陳賈幼幾集 全46
五九 鮑防 集5雜感詩1		=			全8

六二	元結	元子編10	文編10	元子10	唐		庫元次山集12
			猗玕子1	1	1		
				集10	元子10		
六七	獨孤及	毘陵集20	=	集20	=	20	刊=補遺1附錄1
七五	顧況	文集19	集20	文集15	集20	集5	庫華陽集3
七七	戎昱	詩1	集5	唐	集3	唐	百詩集1補遺1
八〇	朱灣	詩集4	=	詩1		集1	全23
八二	盧綸	集18					
		詩10	詩集=	1	1		
八四	韓翃	詩5	詩集5	=	=	集5	活韓君平集3補遺1
八五	耿湋	詩2	詩集2	3	=	集2	張詩集6活集3
八六	錢起	詩1	=	12	2	10	陳刊錢考功集10
八七	司空曙	詩2	詩集2			2	陳百司空文明集　百3
九一	李端	詩3	詩集3	=	集3	集3	活集4
一〇一	王建	詩2	集10	唐	詩10	唐	庫百詩集10　庫王司馬集8
一〇二	韋應物	詩1	詩集10	集10	宋	10	陳庫韋蘇州集10
一〇四	武元衡	詩1	集10	詩2		集1	活集3

臨淮尺題2			臨淮集2		
一一一 劉商 詩10	詩集10	集10		10	陳活劉虞部詩集10
一一二 盧仝 玉川子詩	=	詩1	宋	集3	丁詩集3外集1
一一六 李涉 詩1	=	=	=	集1	全117
一一八 賈島 集10	=	詩1	10	10	唐晁陳刊長江集10
小集3	=	8			
一一九 莊南傑 歌詩1		雜歌行1		集1	全5
一二〇 張碧 歌行集2	=	歌行1		1	全16
		詩1			
一二六 今狐楚 章奏集	130	1			唐漆奩集130宋歌詩1
表奏集	=	=	=		全59
梁苑文類	=	=			
一二七 楊巨源 詩1	=	=		5	陳百楊少尹集5
一二九 王涯 詩1	集10	歌詩1		集1	全62
一三〇 韓愈 集40	=	50	=	40	陳昌黎集
		遺文1	1	10	晁集外文 陳外集
				附錄5	刊文集40外集10遺文1
一三一 柳宗元 集30	=	=	=	45	刊柳先生文集43別集2

			集外文1	外集2	文集2
一三三　劉禹錫		集30	宋	30	陳刊劉賓客集30外集10
集外詩3		外集10	宋	宋	
一三四　孟郊　詩5	詩集10	10	10	10	宋晁陳刊孟東野集10
一三五　戴叔倫　詩1	述稿10	唐	唐		百詩集2補1
			外集1		
			書狀1		
一三八　張籍　詩7	詩集7	集12	詩集5	集3	陳又有張司業集8庫刊
				木鐸集12	同
一三九　雍裕之　詩1	=	=		集1	全33
一四〇　權德輿　權文公	集50	唐	唐	50	陳權丞相集
集50					刊權載之文集50補刻1
童蒙集	10				校補1
制集	50				
一四三　白居易　文集70	75	71	71	71	唐白氏長慶集
					宋晁陳庫長慶集　庫71
一四四　元稹	100	48	60	60	唐元氏長慶集
長慶集10	小集10	2			

一四五　李紳　批答1	=	=			晁追昔游　陳追昔游編
追昔游詩3	=	詩3	3	3	庫追昔游集3
一五三　沈亞之　集9	=	詩12	集10	2	陳沈下賢集　庫沈下賢文集12
一五七　姚合　詩1	詩集10	唐	詩10	10	陳黄姚少監集10
一六〇　施肩吾　集10	詩集10	=	5	1	晁陳西山集298
一六三　韓琮詩1	=				全24
一六五　張祜　詩1	=	詩10	=	集10	北京張承吉文集10
一六七　朱慶餘　詩1	=	=	=	集1	刊詩集1
一六八　杜牧　樊川集20	=	集20	=	=	刊樊川文集20外集別集
外集1			=	=	1
一七二　許渾　丁卯集3	2	詩集12	唐	唐	庫丁卯集2續集2續補
					集外遺詩1
一七三　雍陶　詩1	詩集10	詩集3	詩5		全132
一七七　李商隱　詩3	3	=		3	唐又有文1宋又有別集
玉谿生賦1	=	文集8	文集8	8	20雜文1
樊南四六甲集20	=	=	=	=	刊詩集6文集5備文集
乙集20	=		=	=	補編12

一七九　薛逢　詩10	=	別集9	歌詩2	集1	全92
別紙13	=	=		四六集1	
賦集14	=	4			
一八〇　趙嘏　渭南集3	=		3	1	晁渭南詩　全261
編年詩	2	=			
一八一　薛能　集10	詩集10	唐	=	10	陸丁許昌詩集10
繁城集	1				
一八四　項斯　詩1	=	=		集1	百詩集1
一八五　馬戴　詩1	=	=		集1	瞿丁會昌進士詩集1
一八七　任蕃　詩1	=	=		集1	百詩小集1
一九〇　鄭嵎		表狀略3			
津陽門詩1	=	=	=	=	百詩1
一九一　劉駕　詩1		古風詩1		集1	丁集1
一九二　方干　詩10	=	1	詩集1	2	文唐玄英先生詩陳庫 玄奘集8
一九三　李頻　詩1	=	=		集1	刊黎岳詩集1附錄1補 錄1
一九四　李群玉　詩3	=	2	1	集3	瞿張鄧=

後集5	=	=			
一九五 李郢 詩1	=	=	1	1	晁端公詩陳李端公詩全 62
一九八 陳陶 文錄10	=	=			百陳崇伯詩集1
		集10	2		
二〇〇 于武陵 詩1	=		=	集1	丁集1
二〇一 來鵬 詩集1	詩1	唐		集1	全29
二〇二 溫庭筠 握蘭集3	=	=			
金筌集10	=	集7	=	7	陳溫飛卿集7又記室備要3
詩集	5	詩集5	外集1		刊詩集7別集1
漢南眞稿	10	=			
集		14			
二〇五 于濆 古風1	詩1	古風詩1		集1	百詩集1
二一一 鄧鄴 詩1	=			集1	百詩集1
二一二 胡曾 安定集10	=			3	陳刊咏史詩3
二一三 李山甫 詩1	=			集1	百詩集1
賦3	2				

二一四　曹唐	詩3	唐	詩1	集1	文：大小游仙詩各1
					庫詩1
二一五　皮日休　文集10	=	10			
胥臺集7	=	=			
文藪10	=	=	=	=	庫刊=
詩1	=	別集7			
吊江都賦		1			
二一六　陸龜蒙　詩編10	=	=			刊笠澤叢書4補遺1
笠澤叢書3	=	集4	4	17	浦里集20
賦6	=	=			
二一七　司空圖　一鳴集30	=	=	=	10	
司空表聖集10					刊=　又詩集5
二一八　盧中　詩1		=	碧雲詩1		全15
二二〇　崔道融　中唐詩3	=	=		唐詩3	全79
		集9		東浮集10	
二二一　聶夷中　詩2	=	1		集1	全37
二二三　公乘億　賦集12	=	=			
珠林集4	詩1	=			宋又集7全4

華林集3		＝			
二二四 章碣 詩1	＝	集1		宋	百詩集1
二二六 林嵩 賦1	＝	詩1			全1
二二七 高蟾 詩1	＝	2		集1	全35
二二八 高駢 詩1	＝	＝			
集		3		1	全30
二三〇 錢珝 舟中錄20	＝	＝			全98
制集		10			
二三二 周樸 詩2	＝	1			百周見素詩集
二三三 羅隱 十種	十一種	三種		四種	彼此錯綜複雜。刊甲乙
					集10
二三六 秦韜玉		集3		1	百詩集1
投知小錄3	＝		＝	＝	
二三七 鄭谷 雲臺編3	＝		＝	＝	庫＝刊鄭守愚文集3
宜陽外集1	3	1			陳又有詩3詩1外集1
二三八 齊己 白蓮集10		集10	＝		庫刊＝
外集10		10			
二三九 崔涂 詩1	＝	＝		集1	錢集1

二四三　李洞　詩	=	詩3	=		百李才江詩集3
二四五　韓偓　詩1	=	=	2		
香奩集	1	1	1	2	刊香奩集1玉樵山人集
入內廷後詩集		1		1	1
別集		3		3	
二四七　王駕　詩6	詩集6	=		集1	全6
二四九　杜荀鶴　詩集1		2	10	3	宋晁陳唐庫唐風集庫3
二五一　徐寅　探龍集1		5			庫徐正字詩賦2
賦1		5			刊釣磯文集10補1
二五二　張喬　詩1	詩集2	=		集2	百詩集4
二五五　韋莊　浣花集20		10	5	1	陳又有諫疏箋表4
幽居雜編1		諫草1			庫刊沈花集10補遺1
二五七　張蠙　詩1	詩集2	=	=		百詩集1
二五八　翁承贊　詩1	=	=		集1	百翁拾遺詩集1
二五九　王轂　詩集3	=			集1	全18
二六〇　殷文圭　冥搜集20		=		集1	文又有筆耕10宋又有鏤
登龍集10		15			冰錄20筆耕詞20
從軍稿20		=			錢集1

二六一	李建勳　詩2　鍾山集20		集20		集1	刊李丞相詩集2
二六二	褚載　詠史詩3	詩3	詩1		詩1	全14
二六四	盧延讓　詩1		=	=		全10
二六五	曹松　詩3	詩集3	1	1	集1	百詩集1
二六六	裴說　詩2		詩1	宋	集1	全51
二六七	貫休　禪月集30		集30	=	10	庫25補遺1
二六九	沈彤　詩2			集1		全19
二七一	孫魴　詩3		5			宋又詩集3全7
二七二	李中　碧雲集3			2		晁李有中詩集刊=
二七三	廖圖　詩2				1	陳廖匡圖集全4
二七六	江爲　詩1		詩1		集1	全8
二七七	熊皎　屠龍集5		5	=	1	宋又南全集2　全4

二、乙表《崇文總目》未著錄之唐詩人別集

	唐	宋	晁	陳	
七　杜審言	集10	詩1	=	1	陳：杜必簡集　百川：詩3
一二　李百藥	集20				全26
一四　張說	集30	=	=	30	宋有外集20陳庫張燕公集　庫25
二四　崔顥	詩1	=		集1	活2
二五　祖咏	詩1	=		集1	
二六　儲光羲	集70	5	2	5	庫詩5
二七　包融	詩1				全8
二八　崔國輔	集×	詩1		集1	全41
二九　盧象	集12	詩1			
三〇　綦毋潛	詩1	=		集1	全26
三二　常建	詩1	=	=	=	庫3
三四　崔曙				集1	活1
三五　陶翰	集×	詩1		詩1	全17

三八 劉長卿	集10	20	=	10	陳庫劉隋州詩集 庫11
四〇 閻防		詩1			全5
四一 李頎	詩1			集1	活集1
四四 丘爲	集×	詩1			全13
五〇 孟雲卿					錢集2 全17
五四 包何				集1	活集1
五五 包佶				集1	活集1
六一 張繼	詩1	=			
六三 郎士元	詩1	2	×	集2	活集2
六四 靈一		詩1		集1	錢集×
六五 皇甫冉	詩集3	詩2	詩2	集1	刊詩集7
六六 皇甫曾		詩1		集1	活3
六八 劉方平	詩1				全26
六九 秦系	詩1	1		1	宋秦隱君詩 陳秦隱君
					集 活集1
七一 嚴維	詩1	=		集1	活集2
七三 靈澈	詩集10	詩1			全16
七六 張南史	詩1			集1	全27

七九 蘇渙	詩1				全4
八三 吉中孚	詩1				全1
八九 崔峒	詩1				全48
九二 竇叔向	集7	詩1		1	
九四 李益		詩1	=	集2	活集2
九六 章八元	詩1				全6
九七 暢當	詩2	1			全17
九八 王季友				集1	全11
九九 張謂		詩1			全40
一〇〇 于鵠	詩1	=		集1	百1
一〇三 皎然	詩集10	詩10	10		晁庫杼山集10
一〇五 竇常	集18				全26
一〇九 竇鞏		詩1			全39
一一〇 劉言史	歌詩	詩10			全79
一一四 劉義		詩1	=	集2	錢集3
一一五 李賀	集5	集1	4	1	刊歌詩編4
		外集1	=		
一二一 朱放	詩1	集2	=	集1	全25

一一二 羊士諤		詩1	=	集1	活集2
一二四 麴信發	詩1	=	集	=	全6
一二五 張登	集6	=	=		全7
一三二 陳羽		詩1		集1	百詩集1
一三六 張仲素	賦樞3	詩1			全39
一三七 呂溫	集10	=	=	10	陳庫呂衡州集10
一四一 長孫佐輔				集1	全17
一四六 鮑溶	集5	歌詩5	詩1	=	庫詩集6外集1
一四八 殷堯藩	詩1	=		集1	全88
一五〇 無可		詩1		集1	錢集2
一五一 熊孺登		詩1		集1	全31
一五二 李約		詩1			全10
一五四 徐凝		詩1			全101
一五五 裴夷直	詩1	詩2			全57
一五六 薛濤			錦江集5	集1	傳詩1按庫薛濤李冶詩集2
一五八 李廓		詩1		詩1	全18
一五九 章孝標	詩1	集7		集1	丁詩集1

一六一 袁不鈞		詩1		集1	全4
一六六 劉得仁	詩1	詩集1	宋	集1	十三唐人詩輯詩1
一七一 李敬方	詩1				全8
一七五 伍喬				集1	百詩集1
一七八 喻鳧	詩1	=		集1	百1
一八三 姚鵠	詩1	1			百1
一八六 孟遲	詩1	=	=		全17
一八八 顧非熊	詩1	=		集1	庫=
一八九 曹鄴	詩3	2		集1	宋古風詩 庫曹祠部集 2
一九六 儲宗嗣		詩1		集1	百詩集1
一九七 劉滄	詩1	=	=	集1	丁=
一九九 鄭巢		詩1			錢集1
二〇三 魚玄機		詩集1		集1	黃備詩1
二〇四 邵謁		詩1		集1	百詩集1
二〇六 李昌符		詩1		集1	百詩集1
二〇八 汪遵	咏史詩1	咏史1			全61
二〇九 沈光	雲夢子5	詩集1			

二一九 周繇				集1	全23
二二二 許棠	詩1	詩集1		集1	百文化集1
二二五 唐彥謙	詩集3	2	1	集1	晁鹿門詩百=拾遺1續補詩1
二二九 牛嶠		詩歌3			全6
二三四 羅虬		比紅兒詩10	1	1	錢1
二三五 崔魯	無譏集4	詩1		=	全16
二四〇 喻坦之		詩1		=	全18
二四四 吳融	詩集4 制誥1	賦集5 集5		唐英集3	庫唐英歌詩3
二五三 鄭良士	白巖集10				全3
二五四 張鼎		詩1			全3
二五六 王貞白	集1	7		靈谿集7	全61補逸12
二七〇 唐求				集1	百唐隱君詩
二七四 孟賓于	金鰲詩集2			集1	全8

三、分 析

今就上表所列兩目的異同，加以分析：

〈綜錄〉中的二七八人，今傳有詩篇，而詩集未見著錄的，計有：二崔信明　一四張說　一七張子容　一八李昂　二〇盧鴻　二一王冷然　二二劉眘虛　二三王灣　三三賀蘭進明　四七鄭虔　四九沈千運　五二王之渙　五六張彪　六〇殷遙　九〇張衆甫　七二于良史　七四陸羽　七八古之奇　八一張志和　九〇夏侯審　九五冷朝陽　一〇六竇牟　一〇七竇郡　一〇八竇庠　一一三馬異　一一七朱晝　一二三姚系　一二八馬逢　一四二楊衡　一四七張又新　一六二韓湘　一六四韋楚老　一六九楊發　一七四賈馳　一七六陳上美　一八二李宣古　二〇七翁綬　二一〇趙牧　二四二溫憲　二四六唐備　二四八戴思顏　二五〇王煥　二六八張瀛，計四十二人，而二四一任濤及二七八陳搏，連《全唐詩》也未收其詩篇。其他二三四人，甲表有一百三十九人，乙表有九十三人。作爲統計的基數。

在二三四人中，《崇文》無，而其他四種書目有別集的，佔四成，可見《崇文》收書之少，而後來訪書之勤。

《崇文》有而《唐志》無的，有：李季蘭、鮑防、莊南傑、劉駕、虛中、齊己、杜荀鶴、徐寅、韋莊、殷文圭、李建勳、盧延讓、裴說、貫休、沈彬、孫魴、李中、廖圖、江爲、熊皎等十九家，佔百分之八。尤其裴說以下連續八家皆無，可見《唐志》對晚唐詩集，所收的不足。這十九家中，固然多是一卷的小集，不過如齊己、殷文圭等，都多到數十卷，而韋莊、貫休，都是名家。這些都是補《唐志》的材料。且由此推知，其他部類中可據以補《唐志》的也不在少數。

〈綜錄〉中盧綸有集十八卷、劉禹錫有集三十卷，司空圖有集十卷，公乘億有集七卷，《唐志》未收，而僅收其他集子，或僅是卷數不多的小集，也可供補志的資料。《崇文、唐志》書名有出入的更多，不備舉。由此可見修《唐志》時並未依據《崇文》，甚至都未必用做參考，而主要是用唐代的資料。

貳、與宋志比較

顧吉辰撰有《宋史比事質疑》，自序云：「內容主要有：人名、地名、時間、職官、名物制度、歷史事實和重要數字等。」而在二二七至二八〇頁，計一九一條，約佔全書的十分之一，都是考〈藝文志〉部分。也許目錄學不是他的專業，所以約有十分之八祇是與《崇文總目》比較兩目的異同，包括書名、撰人、卷數等部分。其所下斷語，都是以《宋志》爲誤，而《崇文》都是對的。而他的比勘，可說專門研討《崇文、宋志》的異同。

今利用顧氏採用《崇文》比勘的一百多條，分別摘錄其中關於書名、著者、卷數的異同，再加以分析。

一、書名

書名異

春秋諡族圖　正俗字　帝王年代錄　五運圖　大中刑德總要　農田敕　楊侃家譜　潮說
甘石巫咸氏星經　天一遁甲兵機要訣　神樞靈轄經　太乙飛鳥十精經　廣古今陽復五行記
地理正經　玄中祛惑經　六壬神定經　六壬歌　聿斯經訣　聿斯四門經　蜀武成永昌曆
儀天曆　兵家正書　馬口齒訣　彭門玉帳歌　荊浩筆法記　偏金葉子格　名字族　舊制編錄
諫爭集　唐初表章　大曆浙東酬唱集　漢上題襟　咸通後曆制。

以上共計三十一種，其中文字有出入的，多以《崇文》爲是，如《馬口齒訣》，《崇文》口齒二字互乙。其中文字有增損的，則《崇文》每有記時代、姓名等字，使書名的意思確定。如《帝王年代錄》，年上有興廢二字。《六壬神定經》，上有景祐二字。荊浩《筆法記》，依《宋志》例，荊浩爲撰人。而《崇文》以荊浩也是書名，撰者則爲荊浩子谷洪。

二、撰人

撰人出入更多，可分四種情形：

《宋志》不著撰人，而《崇文》則有之，如：

沈氏琴書　春秋世譜　韻銓　象文玉篇　翰林禁經正俗字　大中刑法總要　兩京道里記　陰符經小解　天機經　保生月錄　瑞應圖　甘石巫咸氏星經　大象玄文　太白會運逆兆通代記圖　占候雲雨賦　青霄玉鑒　都利聿斯經　易鑒　天一遁甲兵機要訣　太一新鑒　三元經　六壬軍帳賦　金匱經　唐七聖曆　三命大行年入局韜鈐　廣古今陽復五行記　地理正經　玄中祛惑經　六壬神定經　六壬歌　聿斯經訣　聿斯四門經　蜀武成永昌曆　六韜　兵家正書　韜鈐祕錄　定遠安邊策　兵書論語　射法指訣　諫書　名字族　王氏千門　賦選　禮部策　元和制策　戶部臣奏　大曆浙東酬唱集。

以上計四十六種。《崇文》所記撰人，不全可信，如以《六韜》爲齊太公撰，雖然《隋志》便是如此，而實是依托的僞書，《僞書通考》所引各家之說，考辨甚悉。《崇文》僅依舊題撰人，卻未在敍釋中論及，或曾論及而早已散佚。所以這些書的撰人，固然可補《宋志》的缺失，卻也不盡可據。

多人合撰的書，《宋志》僅記其中一人，《崇文》則較完備。如：

疑獄集　遁甲符寶萬歲經圖曆　射書　射法　唐初表章　斷全集　劉白唱和集　漢上題襟　西崑酬唱集

以上九種。有的合撰人姓名，見於敘釋文字，《宋志》是簡目的體裁，所以祇記一兩人做代表。又如唐代的十多朝實錄，《崇文、宋志》所記撰人，既多出入，《崇文》所記多較詳明，且分載各人職守。如《唐高祖實錄》，《宋志》云：許敬宗、房玄齡等撰。而《崇文》則云：敬播撰，房玄齡監修，許敬宗刪改。例多今不備錄。

《崇文》所記撰人較明確，或雖失其名，仍記其姓。如：

唐顯慶登科記，崔氏撰，失名。　天文總論，康氏。　陶隱居易髓，陶弘景撰。　道德經傳，陸希聲撰。　遁甲十八局，釋一行撰。

《崇文、宋志》所記同一書的撰人，姓名不同，或同一人的姓名，文字有異同。如：

琴書　琴譜　五經鈎沈　三家文字音義　玉篇解疑　唐書　晉春秋略　兩漢至唐年紀

天黃源派圖說　元和縣主昭穆譜　皇孫群王譜　玉牒行按　偕日譜　帝號錄　五運圖　中朝故事　法鑒　武夷山記　素履子　大農孝經　化書　瀟湘錄　六誡　定命錄　八駿圖　大象

玄機歌　明鑑連珠歌　絳囊經　神樞靈轄經　太乙飛鳥十精經　蒙求　諫爭集。

以上三十三種，或是字可通用，或是文字錯誤，或是誤題撰人。據錢氏輯釋所考，多以《崇文》爲是。可據以訂正宋志。

三、卷　數

卷數所記有出入，有下列兩種情形：

《宋志》多於《崇文》，如：

樂府雜錄　琴書正聲　琴調譜　集注春秋微旨　五經文字　翰林禁經　正俗字　帝王年代錄　保生月錄　晉安海物異名記　天一遁甲兵機要訣　太一新鑒　三元經　彭門玉帳歌　劉白唱和集。

以上計十三種。

《宋志》少於《崇文》，如：

大樂圖義　大周樂正　琴調　春秋名號歸一圖　孝經疏　切韻　墨藪　三國典略　五運圖　北夢瑣言　大象玄文　青霄玉鑒　大歷浙東酬唱集　江南續又玄集。

以上計十四種。

這些卷數出入的成因，不外下列幾種情形：一、編撰時的疏忽。二、後來傳寫刊行時致誤。三、所據各書的卷數有分合。四、所據的本子有殘缺或增益。前三種情形因年代久遠，且原書多已散佚，文獻又不足徵。至於殘損增益，從兩目著錄的差異還可看出。如：

《宋志》：大衆玄機歌一卷（本三卷，殘闕。）《崇文》則正作三卷。《宋志》著錄的殘本，也許還有這類附注，而遭刪削。或不盡加注。《宋志》草率編成，每爲例不純。

《宋志》：高峻《小史》一百十卷，《崇文》卷同。錢繹按云：《書錄解題》一百三十卷，引《中興書目》一百二十卷，今本多十卷。書目著錄，漸次增多，未必早期的便是殘本，疑是陸續增益所致。

第四章　後人的利用與批評

從漢到唐，雖已編了不少書目，士人也加以利用和給予批評，不過都很零星。宋人書目編得漸多，也更重視利用和批評。這都是漸進的，不妨說《崇文總目》便是其中的里程碑。《崇文總目》成書後，因比當時的其他公私書目著錄富，考證精，所以不僅宋代公私書目在體制上作範例，在資料上加以引證，而也加以批評。不過如《國史志、四庫書目、中興館閣書目》等，已經亡佚，無從考知。今就文獻可徵的各家，擇其重要的，略述於後。如有管見，則加附記。

所述各家計有：

一、宋元　鄭樵　晁公武　王應麟　馬端臨

二、明清　焦竑　朱彝尊　《四庫總目》　章學誠

三、近人　余嘉錫　梁啓超　張心澂　王重民

壹、宋　元

一、鄭　樵

鄭樵對學術，追求弘通，著述甚富，惜多已不傳，所傳以《通志》二百卷最重要，其中紀、傳、表部分，多就正史加以刪改，在資料上價値不高，在史裁上也沒有甚麼卓識。最重要的是相當書志部分的二十略，最爲自負，認爲如昆蟲草木諸略，是古人所無。其中〈藝文、校讎、金石、圖譜〉四略，都和文獻有關，很受治流略之士重視。〈校讎略〉可說是最早專論簿錄學理的論著，雖以史志爲主，對《崇文》也多所批評，今摘述於後，並附管見。

鄭樵編〈藝文略〉，是要通紀古今之書，所以廣羅各種公私書目，而詳近略遠，《崇文總目》等當代書目，全行收錄。〈校讎略編次必謹類例〉說：

今所紀者，欲以紀百代之有無。然漢晉之書，最爲希闊，故稍略。隋唐之書，於今爲近，近故差詳。崇文、四庫，民間之藏，乃近代之書，所當一一載也。

他認爲編書目不僅要記當代所有，也要記已亡闕的書。有如《七志、七錄》等書目。即使書有散佚，也可依目求書，所以唐以前的書籍量多。可是唐人編書目，只記其有不記其無，以致崇文、四庫的藏書，比起隋唐時代，亡書就多了。所以他對崇文和四庫書目，不記亡書，深爲不滿。在〈編次必記亡書論〉說：

古人編書，必究本末，上有源流，下有沿襲。故學者亦易學，求者亦易求。謂如隋人於曆一家，最爲詳明。凡作曆者幾人，或先或後，有因有革，存則俱存，亡則俱亡。唐人不能記亡書，然猶紀其當代作者之先後，必使具在而後已。及《崇文四庫》，有則書，無則否。不惟古書難求，雖今代憲章亦不備。

其實前代的書，到隋唐時，散佚的也很多，僅以《隋志》附載的《七錄》所有書來說，便是梁代曾有而到隋代已亡，或是殘缺了。固然也有《隋志》未收，或已殘缺的書，又見於《舊唐志》，不過爲數很少。而《新唐志》未收的書，却見於《崇文、宋志》，甚至於記南宋藏書的晁、陳兩目。紹興年間，以《新唐志》和《崇文》的簡目發交地方政府訪求遺書，所得也很有限，可見書目是否兼記亡書與圖書是否會散失，關係並不大。

可是他在〈編次失書論〉又舉了幾個實例，批評《崇文》的失誤：

書之易亡，亦由校讐之人失職故也。蓋編次之時，失其名帙，名帙既失，書安得不亡也。按《唐志》於天文類有星書，及日月風雲氣候之書，豈有唐朝而無風雲氣候之書乎？編次之時失之矣。按《崇文目》有風雲氣候書，無日月之書，豈有宋朝而無日月之書乎？編次之時失之矣。《四庫書目》並無此等書，而以星禽洞微之書列於天文。且星禽洞，五行之書也，何與天文？

射覆一家，於漢有之，世有其書，《唐志、崇文目》並無，何也？

軌革一家，其來舊矣，世有其書。《唐志、崇文目》並無，《四庫》始收入五行類。

人倫之書極多，《唐志》只有袁天綱七卷而已。婚書極多，《唐志》只有一部，《崇文》只有一卷而已。《四庫》全不收。

《崇文、四庫》，都是藏書目錄，不能無中生有的兼記亡書。所以祇能批評當時訪書不力，以致有些書失收，或是收得太少。鄭樵以編〈藝文略〉通紀古今的體例，去批評《崇文》等收藏書目，是不恰當的。

分類編目，應依照書的內容，而不能僅就書名去猜測，或是僅依其中的一部分去分類，以致發生錯誤。鄭樵在〈見名不見書論〉舉了實例：

編書之家，多是苟且。有見名不見書者，有看前不看後者。〈尉繚子〉，兵書也，班固以爲諸子類，置於雜家，此之謂見名不見書。隋唐因之，至《崇文目》始入兵書類。顏師古作《刊謬正俗》乃雜紀經史，惟第一篇說《論語》。而《崇文目》以爲論語類，此之謂看前不看後。應知《崇文》所釋，不看全書，多只看帙前數行，率意以釋之耳。按：《刊謬正俗》當入經解類。

其他分類錯誤的情形，他又舉了些例子。如〈編次之訛論〉中云：

《太玄經》以諱故，《崇文》改爲太眞，今《四庫書目》分太玄、太眞爲兩家書。貨泉之書，農家類也。《唐志》以顧烜《錢譜》列於農，至於封演《錢譜》又列於小說家，此何義哉？亦恐是誤耳，《崇文、四庫》因之，並以貨泉爲小說家書，正猶班固以《太玄》爲揚雄所作，而列於儒家，後人因之，遂以《太玄》一家之書爲儒家類。是故君子重始作，若始作之訛，則後人不復能反正也。

李延壽《南北史》，《唐志》類於集史，是。《崇文》類於雜史，非。《吳紀》九卷，《唐志》類於編年，是。《隋志》類於正史，非。《海宇亂離志》，《唐志》類於雜史，是。《隋志》類於編年，非。

《唐藝文志》與《崇文總目》既以外丹煅法爲道家書矣，奈何《藝文志》又於醫術中見《太清神丹經》，諸丹藥數條。《崇文》又於醫書中見《伏火丹砂通玄秘訣》數條。大抵爐火與服餌兩種，向來道家與醫家雜出，不獨《藝文》與《崇文》，雖《隋志》亦如此。臣今分爲兩類，列於道家，庶無雜揉。

歲時自一家書，如《歲時廣記》百十二卷，《崇文總目》不列於歲時，而列於類書，何也？類書者，謂總衆類不可分也。若可分之書，當入別類。且如天文有類書，自當列天文類。職官有類書，自當列職官類。豈可以爲類書而總入類書類乎。

鄭氏在〈藝文略〉中，以類書爲十二大類中的一類，很能表出類書總衆類不可分的特色，不過並未全能將可分之書，入於別類。

他在〈崇文明於兩類論〉中，論及道書、雜史兩類，極有條理，遠勝隋唐兩志。

> 《崇文總目》衆手爲之，其間有兩類極有條理，古人不及，後來無以復加也。道書一類有九節，九節相屬而無雜揉。又雜史一類，雖不標別，然分上下二卷，即爲二家，不勝冗濫。及覩《崇文》九節，正所謂大熱而濯以清風也。雜史一類，隋唐二志皆不成條理。今觀《崇文》之作，賢於二志遠矣。此二類往往是一手所編，惜乎當時不盡以其書屬之也。

按之《道藏目錄》，《崇文》的道書類，並未全能「相屬而無雜揉」。且所謂有九節，當指分爲九卷，這九卷各收書五十多部，在量上略平均，並非在類屬上分九節。

《崇文》對所收各書每有敍釋，上承《別錄、群書四部錄》，很受後世推崇。不過鄭樵則有意見，〈藝文略〉有〈泛釋無義論〉云：

> 古之編書，但標類而已。未嘗注解其著注者人之姓名耳。蓋經入經類何必更言經。

史入史類。何必更言史。但隨其凡目。則其書自顯。惟《隋志》於疑晦者則釋之。無疑晦者則以類舉。今《崇文總目》出新意。每書之下。必著說焉。據標類自見，何用更爲之說，且爲之說也已自繁矣，何用一一說焉。至於無說者，或後書與前書不殊者，則強爲之說，使人意怠。且《太平廣記》者乃《太平御覽》別出《廣記》一書，專記異事。奈何《崇文之目》所說，不及此意，但以謂博採羣書，以類分門。凡是類書，皆可博採羣書，以類分門，不知《御覽》之與《廣記》又何異。《崇文》所釋大槩如此。舉此一條，可見其他。

又有〈書有不應釋論〉：

實錄自出於當代。按《崇文總目》有《總實錄》十八部。既謂《唐實錄》，得非出於唐人之手，何須一一釋云唐人撰。

凡編書皆欲成類，取簡而易曉。如文集之作甚多。唐人所作自是一類。宋朝人所作自是一類。但記姓名可也，何須一一言唐人撰，一一言宋朝人撰。然《崇文》之作，所以爲衍文者，不知其爲幾何。此非不達理也，著書之時元不經心耳。

有應釋者，有不應釋者。《崇文總目》必欲一一爲之釋。間有見名知義者亦彊爲之釋。如鄭景岫作《南中四時攝生論》其名自可見何用釋哉。如陳昌胤作《百中傷寒論》。其名亦可見何必曰百中者取其必愈乎。

又有〈書有應釋論〉

《隋志》於他類只注人姓名，不注義說，可以睹類而知義也。如史家一類，正史編年各隨朝代易明不言自顯。至於雜史容有錯雜其間，故為之注釋，其易知者則否。惟霸史一類，紛紛如也，故一一具注。蓋有應釋者，有不應釋者，不可執一槩之論。按《唐志》有應釋者而一槩不釋謂之簡。《崇文》有不應釋者而一槩釋之謂之繁，今當觀其可不可。

所論固然有理，然未能平情流於偏激，反為通人所議，致說他工訶古人，疏於自省。

二、晁公武、陳振孫

《崇文、晁志、陳錄》，是宋代的三部解題書目，在時間上，分別記載了北宋中葉，南宋初期和末期的藏書。而《崇文》成書最早，可是上距唐開元時的《群書四部錄》和稍晚的《古今書錄》，已約三百年，這段時間的著述，雖也有《唐祕閣四庫書目、太清樓書目、三朝國史藝文志》等書，可是都不如《崇文》可據。所以其啓後的功能大於承先的成分，不僅在體例上，使晁陳兩目有所遵循，在資料上，也加以直接或間接的徵引。而有出入的地方，也可看做對《崇文》的訂補，或表達不同的看法。

三、王應麟　馬端臨

《經籍考》採用輯錄體，所採資料，主要是《崇文、晁志、陳錄》，《崇文》佔比例較少，這是因爲當時僅存殘本。可以這麼說：如果不是《崇文》，晁陳兩家未必能撰解題書目，那麼就成爲沒有多少書錄可輯。《玉海》也是輯錄體，徵引《崇文》的資料更多，而且同一項資，每再三引用，有時詳略不一。

宋元之際，宋代的《國史志》還有傳本，馬王二氏也都看到。可是他們引用的比例，不及《崇文》，這也可以看成他們對同是據中祕書編成的官錄，評價的高下。

貳、明　清

元初以後到明代，目錄之學可說乏善可陳。如高儒、焦竑、祁承㸁等，雖稱名家，然不足以比美宋清兩代。焦竑有《國史經籍志》，能糾歷代書目分類之失。

一、焦　竑

《國史經籍志》依鄭樵〈藝文略〉，通紀古今，然所著錄未記出處，又不分存佚，參考價值不高。分類仍用四部，雖仿鄭樵細分類目，而頗知剪裁。每類各有小序，敘述門類分隸原由。所附〈糾繆〉一卷，其中《崇文》部分，論所著錄二十四組，百餘種書分類之失。雖不足以與鄭樵、章學誠相比，然在目錄學的衰世，則屬難能。

二、朱彝尊

朱彝尊編成《經義考》三百卷，是歷代書目中卷帙最富的，眞是博極群書。所採用的書目甚多，其中有些傳本甚少的。如《崇文總目》的一卷本簡目，明天一閣有鈔本，朱氏曝書亭據以傳鈔，除了據以編入《經義考》外，並擬從《歐陽修集、經籍考》等輯其佚文，雖未成書，對清人從事輯錄，有啓示的作用。而清人所採用的所謂天一閣鈔本，實際上都是從朱本轉錄的，而有的傳鈔本，且經過他批注，已見概況章。可說清人重視《崇文》，實由朱氏啓導。而他對《崇文》的敍釋文字的評價是「辭不費，而每書之本末具見，法至善矣。」可說是他在比較各種解題書目所得的結論。

三、四庫全書總目

清修《四庫全書》，從《永樂大典》中輯出《崇文總目》，其得失已見輯本章。使散佚已久的書能稍稍復原，館臣有其貢獻。可是未能與其他輯自《大典》的佚書，一併編印入《武英殿聚珍版叢書》，所以很少人能加以利用。到錢輯本問世，多次刊行，很易得到，庫本更乏人過問。近年雖經兩度影印，仍未能通行。

不過《四庫提要》中屢見引用《崇文》，撰寫時輯本仍未成書，當係自《玉海、經籍考》中錄出，却多未注出處，這也是提要的通例。至於該引而未引，或徵引失當，諸家補正提要的論著，每加增訂。（註一）

四、章學誠

章氏撰《校讎通義》，受〈校讎略〉的影響，對鄭樵有推崇也有批評，其中有涉及《崇文》的地方。如：

類書自不可稱爲一子，隋唐以來之編次皆非也。然類書之體亦有二：其有源委者如《文獻通考》之類，當附史部故事之後。其無源委者，當附集部總集之後，總不得與子部相混淆，或擇其近似者，附其說於雜家之後可矣。

按：章氏分有無源委，實即鄭樵在〈編次之訛論〉中所說的可分不可分。不過鄭氏仍以不可分的書作爲類書類，章氏根本反對類書可以自成一類。而宋以來諸家書目，都有類書類。到了西方的十進分類法傳入，把無源委的，與百科全書納入總類。而有源委的分入其本類，再以複分表處理。他又對《太玄、尉繚子》等書，提出意見。

又論〈藝文略〉兼收〈班昭集〉與〈曹大家集〉，鄭樵的失誤，不下所譏《崇文》見名不見書。

《崇文》有了輯本，且經《經義考、四庫提要》多加引用，《崇文》漸受士林重視，解題書目每加採用。可是姚振宗《快閣叢書》，考證及補撰史志，卻少加徵引。到了民國，〈崇文》才很受重視。

叁、近人

一、余嘉錫

余氏考一書，論一事，每究本溯源。其《四庫提要辨證》頗徵引《崇文》，皆不據輯本，而逕取某書所引。既用以考提要的得失，有時也論及《崇文》的得失。

其《目錄學發微》，對《崇文》頗有論述，摘錄於下：

第一章有小序解題之書目節，考《崇文》敍釋的沿革。又無小序解題書目節，論鄭樵的泛釋無義論，涉及《崇文》。

第二章目錄釋名，謂「《崇文總目》每書皆有論說，此錄也，而祇謂之總目」。

第五章小序，「《崇文總目》每類有序，然尚空談而少實際，不足以繼軌漢隋。

第八、九章，由《崇文》著錄情形，做爲《七錄、開元四庫書目》的存佚的參考。第九章又記崇文院藏書及《崇文總目》的編撰。又引《經義考》，謂「古書著錄未有不詳其篇卷及撰人姓氏者，故其卷帙寧詳無略」。舉《崇文》六十六卷及他書爲證。

二、梁啓超　張心澂

梁啓超在辨僞學方面，能綜合前修，啓廸後學，其《古書眞僞及其年代》，所訂辨僞條例，最具這種功效。其中依史志等著錄情形以辨群書的眞僞及年代，《崇文總目》是很重要的書目。他在《圖書大辭典·簿錄之部》中，也對《崇文》詳加考證。

張心澂撰《僞書通考》，可說集辨僞資料的大成。初版對史志著錄情形，不甚留意，增

訂本才加增補。《崇文總目》次於漢隋兩唐諸志之後，然多有敍釋文字，其重要性可知。（註二）

三、王重民

王氏在《中國目錄學史》中，說持《崇文總目》與《新唐志》核對，顯然是以《崇文》做主要參考資料。有待商榷，上文已多次論及。

他又以階級鬥爭等觀點，論《崇文》等書目，在分類和敍釋方面，嚴詞批判。此書撰於民國五十一年，迄未完稿。身處鬥爭中，自不得不說此敷衍當權的話。今摘錄於後。惜王氏在六十四年春，因不願受紅衞兵羞辱而自縊，不能在較開放的情況下，另寫這些部分。

他說《崇文總目》在每書下都有提要，是仿照《開元四部錄》的做法，又斟酌讀者需要，適當地揭露了圖書的內容，並記述了圖書的各種必要的物質條件，如書本的沿革，殘缺的情況，篇卷的存佚，以及撰人姓氏的考訂等。做到了簡明實際，這種作法，是由《群書四部錄》所奠定，由《崇文總目》所改進，並發揚光大了的。但是鄭樵作《校讎略》，提出了「泛釋無義」，「強爲之說，使人意怠」的理論和主張，對於進一步發展《崇文總目》的簡明實際的提要是有幫助的，但流於偏激和錯誤。朱彝尊針對着鄭樵的偏差，指出《崇文總目》的提要寫到「

辭不費，而每書之本末具見，法至善矣」，是完全正確的。

歐陽修、宋祁等編纂人是博學的史學家兼目錄學家，但他們的立場是站在門閥世族方面，我國目錄學到了東漢以後失去了它的進步意義，所有的歷代官修目錄都是千方百計的爲封建地主階級服務，企圖把封建地主的剝削說成天經地義，並防止和污蔑農民起義。這就在目錄的編纂體系中，在大序小序和提要的說明中，一方面爲剝削找理論根據，另一方面對讀者進行欺騙。《崇文總目》採用了《七錄》「僞史」的標題，著錄五代十國的歷史書籍，歐陽修的小序說：「歷考前世僭竊之邦，雖因時苟偷，自強一方，然卒歸於禍敗，故錄於篇，以爲賊亂之戒云。」是想教育封建地主階級內部的僭亂，恐嚇並企圖防止農民起義戰爭。《崇文》的刑法類序說：「刑法者，聖人所以愛民之具也」，是封建目錄學發展的趨勢。

佛經道經到《崇文總目》才正式列爲子部的兩類，不再列爲附錄而納入四部之中，恐怕不是由於唐宋新興起的道學思想，更多地吸取了佛道二家思想的緣故，應該是由於他們在政治上和儒家的鬬爭減弱了。（註三）

以上就《崇文》的著錄、體例、分類、敍釋文字各方面，自宋至今，約舉十多家，以爲代表。從而可見《崇文》有待整理，才便於利用。

【附註】

註　一　以胡玉搢《四庫提要補正》、余嘉錫《四庫提要辨證》最重要。大陸近年出版多種這類書，部頭都很小。其他文集、筆記、學校、期刊中有些散篇。

註　二　《僞書通考》本由商務印書館印行。近年有增訂本，原版未見，臺灣曾有鼎文書局翻印本，旋遭查禁，致傳本無多。鄭良樹有《續僞書通考》，以近人資料爲主，然未附索引，綜合正續編所引資料。所考那些書曾引用過《崇文總目》，一查便知。

註　三　僅寫至宋代。收入王重民《中國目錄學史論叢》　北京中華書局。

第五章　校理宋代書目的方法

壹、校理的方式

上文我多次提到《崇文總目》需加較全面的校理，其步驟是：

一、彙校庫本和錢輯本，我在輯本章已做了初步的工作，還有待進一步更精細的加強，如兩本在著錄順序上頗有差異，尤其是子部，應細加比對，擇善而從。這必須深悉各類的流別的人，才能勝任。

二、錢輯本徵引資料雖不少，然對所考各書詳略不一。我在輯本章也舉了一些範例。陳漢章的補正，應更精審。

三、參考姚振宗《隋志考證》的方式，對所收各書加以考證，這一工作還少有人做。劉兆祐所考《宋志·史部》各書中，《崇文》也著錄的部分，很可以參考。而除非兩目所著錄的書，在書名、卷數、著者等項都相同。否則不宜全篇移植。姚振宗在《漢志條理、隋志考證》中，對一部書，其所引據的材料，不盡相同。不至於是無意的，那麼爲何如此，很值得探討，以供考證宋代書目時做參考。

貳、宋代書目綜合對照表

我覺得校理宋代書目，把每一種分開做，事倍而功不能半，最好把幾種重要的書目，綜合的校理，這樣，不僅可以校理每一部書，更可以分析各種書目之間的關係。有些問題在專校理某一種書時，不易解決。可是與其他書目相比勘，也許可以解決。如《崇文》與《唐志、宋志》之間的關係，本書經過比勘，得出與想當然而不同的論點。

今有傳本的宋代書目，約二十種，條列於下：

一、《通志．藝文略》四卷、鄭樵撰。《通志》卷六十三至七十。

二、《祕書省續編到四庫闕書目》二卷，近人葉德輝考證。觀古堂刊本。

三、《郡齋讀書志》四卷《後志》二卷，晁公武撰。《附志》一卷，趙希弁撰。袁州本。

四、《郡齋讀書志》二十卷，晁公武撰。衢州本。

五、《遂初堂書目》一卷、尤袤撰。說郛本。

六、《史略》六卷、高似孫撰。古逸叢書本。
七、《子略》四卷、目一卷，高似孫撰。百川學海本。
八、《文獻通考・經籍考》七十六卷，馬端臨撰。《文獻通考》卷一百七十四至二百四十九。
九、《玉海・藝文部》二十八卷，王應麟撰。《玉海》卷三十五至六十二。
十、《漢藝文志考證》八卷，王應麟撰。玉海附刻本。
十一、《宋史・藝文志》八卷，元脫脫等撰，《宋史》卷二百二至二百九。
十二、《刊正九經三傳沿革例》一卷，舊題岳珂撰。（註一）知不足齋叢書本。

以上有傳本的十二種。

十三、《崇文總目輯釋》五卷補遺一卷，歐陽修等撰，清錢東垣等輯，粵雅堂叢書本。又四庫全書輯本十二卷雖先成書，而不及錢本完備。
十四、《四庫闕書目》，清徐松輯。宋史藝文志廣編本。
十五、《中興館閣書目》七十卷，陳騤編，今人趙士煒輯考本五卷，北平圖書館印本。
十六、《中興館閣續書目》三十卷，張攀編，今人趙士煒輯考本一卷，北平圖書館印本。
十七、《宋中興國史藝文志》，今人趙士煒輯本二卷。
十八、《直齋書錄解題》五十六卷，陳振孫撰。四庫全書輯本二十二卷，武英殿聚珍本。

以上有輯本的六種。

十九、《籀史》二卷，翟耆年撰。今存卷上，守山閣叢書本。

以上殘本一種。

至於宋代的佛家經錄，已有多人加以綜合論述，筆者所知有限，此處從略。又《新唐書·藝文志》四卷，歐陽修等編。《新唐書》卷五十七至六十。實係宋人所修，研討宋代書目，也是重要文獻。

以上約二十種書目，有的殘缺過甚，有的著錄範圍有限，且先擱置，我認爲不妨先挑其中七種：《唐志、宋志、崇文、晁志、尤目、陳錄、馬考》七種，加以綜合校理。這幾種書，都已有校本，可資採用。初步的校理工作，可以參考〈十三種書目農家類綜合對照表〉（註二）而截取其中宋代部分，以《宋志》爲主，因其著錄最富，（〈藝文略〉不分存佚，且不盡可據，所以不取。）且據宋代幾種國史志編成，保存了若干北宋時已亡佚的圖書史料。不應以其是元代修成，而認爲是最晚出的資料。

昔人每嘆明人刻書而書亡，因其校刊草率，且好任意改篡古書，所以最不可據。其實宋人、清人刻書，固然多很愼重，其實仍難免無意，甚至有心的，使古書失去原面目。《唐志》據唐代書目所編成，還較能記錄未經宋人篡改的原貌，可與《宋志》等做一對照。不過《唐志》分類諸多失序。爲免過分攪亂宋代分類的順序，所以雖列於首行，而以《宋志》爲主相比較。《尤目》僅記書名，遇有書名相同，無卷數、著者加以區別，在資料的有效性上，要低一些。所以也可以暫不列入，等其他書目校理完成，再校理《藝文略、尤目》，因可資參考的資料多，且容易檢索，就方便多了。

要做好這一對照表，宜先就這些書目，逐一分類加編序碼。再仿哈佛燕京學社的《二十種藝文志綜合引得》，編成書名與人名索引。不僅收錄經校正過的條目，對於異文，甚至明知是錯誤的，也行編入，而加注說明。因爲有些重複著錄，便是因異文以致誤字而造成的。

叁、對照表的功用

這一綜合對照表，做起來自是極其繁瑣，可是也很有用，僅就《崇文》來說，要比錢氏輯釋大得太多。而且比六七種書目分開來做，要省事太多了。眞是事半而功過於倍的鉅大工程。

實際着手時，可先做集部，要比其他三部要容易得多。起初我認爲集部可以不必這麼做，如今我改變了主意，認爲可以看出歷代詩文集的消長、殘損、散佚，以及搜輯的情形。就如本書第三章第一節，所輯的甲、乙兩表，可反映唐宋兩代一些唐詩人別集的流傳情形。《晁志》最少，可知南宋初期圖書散失的嚴重。《陳錄》又多起來，可見南宋百餘年間大量公私刻書的成效。有些唐人小集，是前此各家書目所未見的，當是宋人自總集、筆記、史乘等文獻中輯出，可見當時這一工作做得很足稱道。

如此把各種書目中同一種書都彙集於表中同一行中，書名、卷數、著者及分類的異同，一目瞭然。做考證時，將各目中的某一種書，可以一次做好，豈不又可省却很多工夫。集部之後，再依經、史、子的順序做下去，由易而難，有了經驗，就容易多了。

還可利用這一對照表，討論各書目的分類。即以農家類的對照表來說，這十三種書目農家類所著錄的書，在其他書目中所隸的類目，居然遍及四部，其間異同得失，遠不是鄭樵、焦竑、章學誠所能瞭解，甚至所能想像的。分類的繁雜性，由簡而繁，也是集、經、史、子。討論分析時，也應由易而難，且宜先從收書較少的類目着手，吸取經驗。正如《禮記・學記》所說的：「善攻木者，先其易者，後其節目，及其久也，相說以解。」

《崇文總目》在宋代的重要書目中，最爲重要，因爲是北宋僅存較完整的書目（佛教經錄除外），可是收書最少。如果單獨校理，也許最容易。可是如能把這七種書目綜合校理，效果要大得多。當然工程太大，如不能集衆人之力，而以個體戶去經營，也不妨從收書少，且較單純，自己有興趣的類目着手，再一類一類做去。我打算從書目類着手，以就正於同道。

【附註】

註　一　實爲元、岳浚撰。

註　二　偕淑月製表、藍文欽校訂、喬衍琯設計並序。見《蔣慰堂先生九秩榮慶論文集》臺灣商務印書館印行。

結　語

我從民國五十一年，寫《書目舉要編》初稿時起，五十六年到五十九年寫《書目叢編》前四編的敍錄，後來漸漸比較集中到宋代書目，而以《晁志、陳錄》爲主。關於《崇文總目》僅寫過兩篇專文：《崇文總目考略、崇文總目勘異》。不過在其他著述中，也有些涉及《崇文》的地方。加上近年來讀書治學，也不無寸進。所以除了彙集舊文加以刪訂整理外，也增益些新的資料和愚見。

在本書中，除了以《崇文、唐志、宋志》三目，比勘其異同，認爲相同固多，相異處也不少。所以說唐宋二志是參考《崇文總目》，甚至說作爲重要資料的想法，似有待商榷。

我在本書中用了四種方式來校理《崇文總目》：

一、針對錢氏輯釋，提出補正，其實錢氏有些條目校得也很完善，祇是爲例不純。

二、以庫本和錢本互校，以備擇善而從，或並存異文。

三、利用《唐才子傳校箋》所附綜錄，製成簡表，並就《崇文、唐志、宋志》彼此的異同，加以分析。

四、就《宋史比事質疑》中《宋志、崇文》的異同，加以分析。前兩項係舊稿所有，後兩項雖因人成事，然另行設計，並就其資料異同，加以分析。也可用於校理其他書目。

校理宋代書目，其中可以發揮的空間很大，需要投入大量的能力，甚盼有志之士一展身手，必有滿意的收穫。

參考書目

一、專　書

崇文總目十二卷　四庫全書館輯自永樂大典　收入臺灣商務影印四庫珍本別輯　又該館影印文淵閣本四庫全書

崇文總目輯釋五卷附錄一卷　清錢東垣輯釋　粵雅堂叢書本　收入廣文書局印行書目續編影印粵雅本　又臺灣商務印書館國學基本叢書　據粵雅本排印　錢輯本附錄關於崇文總目文獻二十一則

歷代藝文志廣編　世界書局印行　翻印商務印書館印本而增益西夏藝文志、續唐書藝文志其兩唐志合編中新唐志爲牽就舊唐志，而致次序紊亂，不可爲據，今改採點校本新唐書中藝文志部分，鼎文書局翻印本　又其中亦收國史經籍志五卷　明焦竑撰

通志二十略　鄭樵撰　臺灣中華書局印行　四部備要本

郡齋讀書志二十卷附志二卷目錄一卷　宋晁公武撰　趙希弁撰附志　清王先謙校刊本

遂初堂書目一卷　宋尤袤撰　張宗祥校明鈔說郛本　商務印書館印本

直齋書錄解題二十二卷　宋陳振孫撰　清四庫全書館輯自永樂大典　清武英殿聚珍本

　以上三種據廣文書局書目續編影印本

玉海二百卷　宋王應麟撰　華文書局影印元刊本

文獻通考經籍考　元馬端臨撰　上海古籍出版社印行點校本

經義考三百卷　清朱彝尊撰　中華書局印行　四部備要本

四庫全書總目二百卷　清紀昀等撰　藝文印書館影印清刊本

隋書經籍志考證五十二卷　姚振宗撰　臺灣開明書店印行　二十五史補編本

校讎通義通釋　清章學誠撰　近人王重民解　北京中華書局印行

古書眞僞及其年代　梁啓超　臺灣中華書局印本

僞書通考　張心澂撰　民國六十一年　鼎文書局翻印增訂本

續僞書通考　鄭良樹撰　臺灣學生書局印本

中國目錄學史　姚名達撰　臺灣商務印書館印本

中國目錄學史　王重民撰　北京中華書局印本

目錄學發微　余嘉錫撰　藝文印書館翻印本
四庫提要辨證　余嘉錫撰　北京中華書局印行
四庫提要補正　胡玉搢撰　木鐸出版社翻印本

二、自　著

宋代書目考　文史哲出版社印行
陳振孫學記　文史哲出版社印行
崇文總目考略　政大學報　第五十二期　民國七十四年
崇文總目勘異　故宮學術季刊　四卷四期　民國七十六年
新唐書藝文志考評　政大學報　第五十七期　民國七十七年
宋史藝文志考評　政大學報　第五十六期　民國七十六年
通志藝文略考評　政大學報　第五十五期　民國七十六年
郡齋讀書志研究　政大學報　第四十九期　民國七十三年
郡齋讀書志中的小序　中央圖書館館刊　二十卷一期　民國七十六年
玉海藝文部述略　中央圖書館館刊　十六卷二期　民國七十二年
通考經籍考述略　中央圖書館館刊　十七卷一期　民國七十三年

三、論　文

歐陽修參與崇文總目修撰考　李　圖　晉圖季刊　八六年三期
歐陽修與崇文總目　張　虹　圖書館工作　八二年二月
試論歐陽修在目錄學上的主要成績及貢獻　喬好勤　吉林省圖書館學會會刊　八〇年五期
崇文總目淺議　邱進友　雲南圖書館　八五年二期